Jordi Sierra i Fabra

Campos de fresas

Edición a cargo de: Ruth Manteca
Ilustraciones: Jette Svane

EDICIÓN SIMPLIFICADA PARA USO ESCOLAR Y AUTOESTUDIO

Esta edición, cuyo vocabulario se ha elegido entre las palabras españolas más usadas (según CENTRALA ORDFÖRRÅDET I SPANSKAN de Gorosch, Pontoppidan-sjövall y el VOCABULARIO BÁSICO de Arias, Pallares, Alegre), ha sido resumida y simplificada para satisfacer las necesidades de los estudiantes de español con unos conocimientos un poco avanzados del idioma.
El vocabulario ha sido seleccionado también de los libros de texto escolares "Línea", "Encuentros" y "Puente", comparado con "Camino" y "Un nivel umbral" del Consejo de Europa.

Campos de fresas

Diseño de cubierta: Mette Plesner

Editora: Shân Mari Linnet Nissen

ISBN 978-87-23-51320-5
www.easyreaders.eu
The CEFR levels stated on the back of the book
are approximate levels.

Easy Readers
EGMONT

Impreso en Dinamarca

Biografía

Jordi Sierra i Fabra nació en 1947 en Barcelona, España. Desde niño sintió la necesidad de escribir, y a los 12 años terminó su primera obra, una novela de 500 páginas. En aquel momento tuvo claro que quería ser escritor. Sin embargo, sus padres no estaban muy de acuerdo con su vocación.

Estudió el bachillerato nocturno mientras trabajaba. La música es una de sus grandes pasiones, y durante un tiempo trabajó como periodista colaborando con diferentes revistas musicales y como comentarista de radio. Viajó por todo el mundo realizando entrevistas y reportajes de las estrellas de rock del momento.

En 1978 decidió dedicarse a escribir, y hoy en día es uno de los autores de literatura infantil y juvenil más populares. De hecho, es uno de los escritores más leídos en los institutos españoles según el Ministerio de Cultura. Ha escrito más de 300 libros de todos los géneros y ha sido traducido a 25 idiomas. Asimismo, ha ganado numerosos premios y algunas de sus obras se han llevado al teatro y al cine.

También ha creado la Fundación Jordi Sierra i Fabra en Barcelona, que incluye una biblioteca pública y una exposición permanente de su vida y obra. Desde 2006 entrega también un premio literario a jóvenes menores de 18 años.

La novela *Campos de fresas* fue publicada por primera vez en 1997. En ella, el autor presenta de forma realista el efecto y consecuencias que tienen las drogas de diseño en los jóvenes actuales. Al mismo tiempo, nos habla de las relaciones de amistad, familia y amor que son fundamentales en la vida de cualquier joven. Su original manera de contar esta historia nos hará sentirla minuto a minuto.

Según el autor, su código ético está basado en cinco palabras: paz, amor, respeto, honradez y esperanza. En *Campos de fresas* veremos cómo la historia nos transmite estos valores.

«Nada es real,
no hay nada por lo que *preocuparse*[1].
Campos de fresas para siempre.»

Strawberry Fields Forever
JOHN LENNON[2]

---

1 *preocuparse*, estar intranquilo o con miedo por algo; el adjetivo es preocupado/a

2 *John Lennon*, fue uno de los componentes de The Beatles, la famosa banda de pop/rock británica de la década de 1960; él compuso la canción *Strawberry Fields Forever*, que en español significa «Campos de fresas para siempre»; el autor de este libro pensó que esta canción representaba la historia que nos cuenta, ya que una persona que toma drogas, piensa que «nada es real», que «no hay nada de qué preocuparse», como dice la canción

Los personajes de la historia

Antes de empezar a leer esta historia, te presentamos a los personajes principales que vas a conocer:

El grupo de amigos: Luciana, Cinta, Santi, Máximo, Loreto y Eloy forman el grupo de amigos más cercanos.

- Eloy es también el novio de Luciana.
- Loreto está enferma, tiene *bulimia*[3].
- Raúl es amigo del grupo. Toma drogas habitualmente, como Máximo.
- Paco y Ana son *conocidos*[4], pero no forman parte del grupo. Raúl, Paco y Ana solo viven para la noche y pasarlo bien.

La familia de Luciana: sus padres son Luis y Esther Salas; Norma es su hermana pequeña.

El médico: el doctor Juan Pons.

Los policías: el inspector Vicente Espinós y el policía Lorenzo Roca.

Los *traficantes*[5] de drogas: el *camello*[6] Poli García; su jefe es Alejandro Castro.

Los periodistas: Mariano Zapata y su jefe Gaspar Valls.

---

3 *bulimia*, ver explicación en página 68

4 *conocido/a*, persona con la que tienes relación, pero no es amiga tuya

5 *traficante*, persona que compra y vende cosas a menudo ilegales

6 *camello*, ver explicación en página 15

1 • 6 horas, 39 minutos

Abrió los ojos cuando sonó el teléfono de *madrugada*[7]. Supo que la llamada no podía ser buena.

Se movió para coger el *auricular*. A su lado, su mujer encendió la luz preocupada.

– ¿Sí? –preguntó el hombre rápidamente, *asustado*[8].

– ¿El señor Salas? –contestó una voz de mujer desconocida.

– Soy yo.

– Le llamo desde el Hospital Clínico. *Ha ocurrido*[9] algo grave y necesitamos...

– ¿Es mi hija? –preguntó él enseguida.

– Sí, la han traído en bastante mal *estado*[10] y..., aún es pronto para decir nada, ¿entiende? Deberían venir cuanto antes.

---

7 *madrugada*, espacio de tiempo desde la medianoche hasta que empieza a aparecer la luz del día

8 *asustado/a*, que tiene miedo; el verbo es asustar(se)

9 *ocurrir*, pasar

10 *estado*, situación en que está algo o alguien, aquí se refiere a su salud

– Pero... ¿está bien? –casi no podía hablar–. Quiero decir...

– Su hija ha tomado algún tipo de *sustancia*[11] *peligrosa*[12]. La han traído sus amigos y estamos haciendo todo lo posible por ella. Es todo lo que puedo decirle por ahora.

– Vamos enseguida.

– Hospital Clínico. Entren por *urgencias*[13].

– Gracias... sí, claro, gracias...

Se quedó con el teléfono en la mano.

– ¿Un accidente de coche? –preguntó su mujer.

– No, dicen que se ha... tomado algo –contestó él muy confuso.

– ¿Qué? –solo pudo decir ella.

2 • 6 horas, 50 minutos

Cinta, Santi y Máximo estaban muy nerviosos. De vez en cuando miraban hacia la puerta, por la que había salido el último médico.

– ¿Por qué a mí no me ha pasado nada?

Cinta había hecho la pregunta varias veces, pero seguía sin tener respuesta.

– Yo también estoy bien –dijo Máximo.

– Dejadlo, ¿vale? –pidió Santi.

---

11 *sustancia*, materia, elemento

12 *peligroso/a*, que puede producir algún mal o causar dolor; el sustantivo es peligro

13 *urgencias*, departamento de un hospital en el que tratan a los enfermos graves que necesitan cuidados médicos muy rápido

abrazar

– ¿Qué vamos a...?

Cinta no pudo terminar la pregunta. Santi se sentó a su lado. La *abrazó* y la *besó*[14] en la frente. Cinta empezó a llorar.

– Ha sido un accidente –dijo Santi en voz baja.

– Deberíamos llamar a Eloy –dijo Cinta–. Y también a Loreto.

– ¡*Joder*[15]*!*–exclamó con *rabia*[16] Máximo.

3 • 7 horas, 2 minutos

Lo despertó de pronto el sonido del teléfono. Se había quedado dormido sobre la mesa tras la larga noche de estudio.

Primero pensó en Luciana, Cinta, Santi y Máximo.

Sus padres se habían ido el fin de semana. Nunca llamaban, y menos a esa hora.

Levantó el auricular, pero la *línea*[17] *se cortó*[18].

Colgó[19] el teléfono y miró los libros. Él estudiando y los demás pasándolo bien. Genial.

Todavía tenía todo el sábado y el domingo antes del examen del lunes. Y él había hecho bien negándose a salir con sus amigos el viernes por la noche.

---

14 *besar*, tocar con los labios a otra persona como expresión de afecto, saludo o amor

15 *¡joder!*, expresión vulgar para indicar que estás enfadado, sorprendido, etc.

16 *rabia*, sentirse muy enfadado

17 *línea*, aquí significa comunicación telefónica

18 *cortarse*, aquí significa detenerse, acabarse

19 *colgar*, terminar de hablar por teléfono y poner el auricular en su sitio

El teléfono sonó de nuevo. Seguro que eran ellos.

– Sección de Voluntarios Estudiosos y Futuros *Empresarios*[20] –anunció Eloy cogiendo el auricular.

– Eloy –dijo Máximo con voz muy seria.

– ¿Qué pasa? –preguntó Eloy preocupado.

– Oye, antes se ha cortado... Estamos en... bueno...

– ¡Díselo! –escuchó la voz de Cinta por el auricular.

– Máximo, ¿qué ha ocurrido? –gritó asustado Eloy.

– Luciana se tomó una *pastilla*, y le *ha sentado mal*[21].

– ¿Una...? ¡*Mierda!*[22] ¿Qué clase de pastilla?

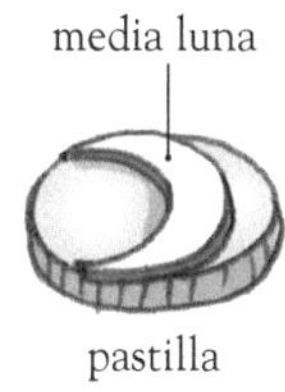

– *Éxtasis*[23].

¿Luciana? ¿Un éxtasis? Aquello no tenía sentido. Era una *pesadilla*[24].

– ¿Qué le ha pasado? ¿Dónde estáis?

– En el Clínico. La hemos traído porque..., no sabemos qué le ha pasado, pero estaba muy mal de pronto y...

---

20 *empresario/a*, persona que tiene o dirige un negocio, una empresa o una industria

21 *sentar mal/bien*, tener un efecto malo o bueno en la salud del cuerpo

22 *¡mierda!*, excremento; aquí es una expresión vulgar para indicar enfado

23 *éxtasis*, tipo de droga de diseño; las drogas de diseño se hacen en laboratorios con sustancias químicas

24 *pesadilla*, sueño que produce miedo e intranquilidad

– Deberías venir, Eloy –escuchó de nuevo a la mejor amiga de Luciana.

– Los médicos están con ella –continuó Máximo–. Pensamos que deberías saberlo y estar aquí.

– Salgo ahora mismo –dijo antes de colgar.

4 • 7 horas, 10 minutos

La mujer estaba en la cocina, preparándose el café, cuando sonó el teléfono.

– ¿Sí? –dijo preocupada por la inesperada llamada.

– ¿Señora Sanz? Soy Cinta, la amiga de Loreto.

– ¿Cinta? Pero, ¿sabes qué hora es?

– Es que ha pasado algo y creo que Loreto debería saberlo.

– Está dormida.

– Es algo… importante, señora.

– Sí, pero en su estado tiene que descansar. Dime qué ha pasado y luego se lo digo.

– Se trata de Luciana –dijo Cinta–. Estamos en el Clínico.

– ¡Dios mío! ¿Un accidente?

– No, no. Le ha sentado mal algo.

– ¿Qué se ha tomado?

– Una… pastilla.

– ¿Drogas?

– No lo sé… –contestó nerviosa–. ¿Le dirá más tarde lo que ha pasado?

– Sí, claro.

– ¿Cómo está Loreto?

– Lleva unos días mejor.

– ¿Come?
– Lo intenta.
– Está bien. Gracias, señora Sanz –dijo Cinta y colgó.

5 • 7 horas, 19 minutos

Primero entró en la *sala de espera*[25] Norma, la hermana pequeña de Luciana. La siguieron sus padres. El padre sostenía a la madre en sus brazos. Allí se encontraron con Cinta, Santi y Máximo.

– ¿Cómo está? –preguntó Cinta.

Luis Salas los miró con ojos duros, llenos de rabia, dolor.

Cinta tembló.

– ¿Qué ha pasado? –preguntó el hombre.

– Nada, estábamos...

– ¿Qué ha pasado? –repitió con voz más dura.

– Tomamos pastillas y a ella le han sentado mal, eso es todo –dijo Cinta.

– ¿Qué clase de pastillas?

– Bueno, ya se lo hemos dicho al médico...

– ¡Mierda!, ¿estáis locos o qué? –dijo Luis Salas furioso.

La madre de Luciana empezó a llorar y abrazó a Norma.

– ¿Cómo... está? –preguntó Cinta de nuevo, muy asustada.

---

25 *sala de espera*, lugar donde la gente puede esperar en un hospital, una estación, etc.

– ¡Está en *coma*[26]!, ¿sabéis? ¡Luciana está en coma! –dijo el hombre *desesperado*[27].

6 • 7 horas, 25 minutos

En el exterior del *after hours*[28] había una multitud de jóvenes, la mayor parte casi adolescentes. Hablaban y reían *excitados*[29] mientras descansaban para seguir la fiesta. Cerca de la puerta, la música *machacona*[30] sonaba *a todo volumen*[31].

Poli se movía con gran cuidado entre los jóvenes, que se acercaban a él si querían.

Como aquella atractiva pelirroja. Tendría dieciséis o dieciocho años.

– ¡Eh!, tú eres Poli, ¿verdad?

– Quizás.

– ¿Aún te queda algo?

– Poli siempre tiene *mercancía*[32].

– ¿Cuánto?

---

26 *coma*, estado en el que una persona pierde la consciencia totalmente, no puede despertar, moverse o comunicarse

27 *desesperado/a*, que ha perdido la esperanza; el sustantivo es desesperación

28 *after hours*, expresión tomada del inglés; en España son discotecas que abren durante la madrugada y la mañana, cuando los otros lugares de diversión cierran

29 *excitado/a*, entusiasmado, nervioso

30 *machacón/a*, que tiene un ritmo repetitivo y cansa o molesta

31 *a todo volumen*, que suena muy alto

32 *mercancía*, cosas que se compran o venden

– Dos mil quinientas *pelas*[33].

– ¡Joder! ¿No eran dos mil?

– ¿Quieres algo bueno? Con esto *te mantienes en pie*[34] veinticuatro horas más, ya verás.

Le dio una pastilla, blanca, redonda, con una *media luna*[35] dibujada en su superficie. Ella le dio el dinero y se alejó entre la multitud.

Poli caminó unos pocos metros. Entonces se encontró con Néstor, un ex *camello*[36].

– Néstor, ¿qué tal?

– Bien. Oye, ¿estuviste anoche vendiendo en el Pandora's?

– Sí.

– Pues una *cría*[37] tuvo un *golpe de calor*[38]. La vio Mario. Se la llevaron en una ambulancia.

– Vaya –dijo Poli preocupado.

– Yo tendría cuidado. Si pasa algo, habrá un buen *lío*[39]. ¿Qué vendías?

– Lo de siempre.

– Ya, pero ¿era éxtasis...?

---

33 *pela*, peseta (coloquial), antigua moneda de España. Desde 2002 la moneda en España es el euro; 1 euro = 166 pesetas

34 *mantenerse en pie*, estar despierto, sin dormir

35 *media luna*, ver ilustración en página 11

36 *camello*, persona que vende drogas en pequeñas cantidades (coloquial)

37 *crío/a*, niño pequeño; persona joven e inmadura que actúa como un niño (coloquial)

38 *golpe de calor*, aumento muy fuerte y rápido de la temperatura corporal de una persona que puede causar la muerte

39 *lío*, situación difícil, problema, complicación

– Oye, yo vendo, no *fabrico*[40]. Esa chica no es problema mío.

– Bueno, yo ya te *he avisado*[41]. Ahora tú verás.

– Vale, gracias.

– Chao, *tío*[42] –dijo Néstor.

7 • 7 horas, 37 minutos

Los padres de Norma salieron de la habitación donde acababan de llevar a Luciana, para hablar con los médicos. Norma se quedó sola con su hermana.

Casi le dio miedo mirarla.

Estaba llena de *tubos* y *agujas*[43], con la boca abierta, los ojos cerrados, conectada a un *complicado*[44] sistema de aparatos gracias a los que seguía con vida.

Era una imagen terrible.

Sin embargo, tuvo una extraña sensación, *egoísta*[45], de rabia y desesperación al mismo tiempo. Su hermana en coma también era el fin de muchos de sus sueños y de

---

40 *fabricar*, producir objetos, generalmente usando máquinas; el lugar donde se fabrica algo es una fábrica

41 *avisar*, informar a otra persona de algo que es mejor saber, hacer o evitar; el sustantivo es aviso

42 *tío/a*, palabra para referirse a un amigo, compañero, o a cualquier persona (coloquial)

43 *tubo* y *aguja*, ver ilustración en página 17

44 *complicado/a*, aquí significa que está formado por muchas piezas o elementos; también significa que algo es difícil de comprender o resolver; el sustantivo es complicación

45 *egoísta*, que solo tiene interés en sí mismo sin preocuparse por los demás

sus deseos de libertad. Ahora sus padres no la dejarían salir ni de noche ni quizás de día.

¿Pero por qué pensaba tan solo en sí misma? Aún no había llorado ni una sola vez por Luciana.

Se sintió tan *culpable*[46] que entonces sí, empezó a llorar. Luciana podía morir o *permanecer*[47] en aquel estado para siempre. No sabía si su hermana era *consciente*[48] de algo.

– Luciana... –dijo en voz baja mientras le cogía la mano.

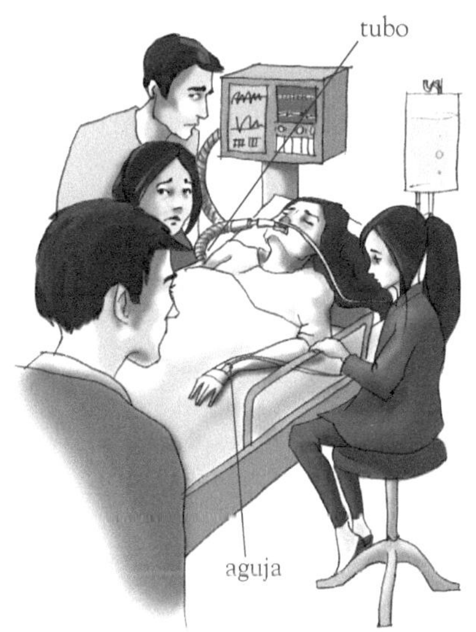

46 *culpable*, que es responsable de hacer algo incorrecto; el sustantivo es culpa

47 *permanecer*, quedarse de la misma manera, sin cambiar

48 *consciente*, que puede comprender lo que ocurre su alrededor y responder a ello

8 • 7 horas, 40 minutos

No llores, Norma.

Ayúdame.

Os necesito fuertes, a todos.

Puedo verte a mi lado, aunque no sé cómo, porque sé que tengo los ojos cerrados.

Es muy extraño. No siento nada, ni frío ni calor, tampoco dolor. Es un lugar agradable, pero está tan oscuro... Me recuerda la placenta[49] *de mamá, antes de nacer, porque era* cálida[50] *y confortable.*

¿Y cómo puedo recordar eso?

Allí no tenía miedo, había paz. Sin embargo, aquí tengo miedo, aunque siento algo de esa misma paz. La siento porque estoy muy cerca de ella. Puedo dar un paso y olvidarme de todo para siempre.

Pero no puedo moverme.

Norma, ¿y los demás?, ¿están bien?

Daría cualquier cosa por tener a Eloy a mi lado, y sentir su mano como siento la tuya, hermana.

Me siento tan sola...

---

49 *placenta*, cuando una mujer está esperando un niño, es el órgano de la madre a través del cual el niño puede alimentarse y respirar hasta que nace

50 *cálido/a*, quc da calor

9 • 7 horas, 47 minutos

Cinta, Santi y Máximo entraron en el *despacho*[51] del doctor Pons y se sentaron frente a su mesa. El médico los observó unos segundos.

Después empezó a hablar, despacio, sin mostrar sus emociones. Era médico y había una vida en peligro.

– Ahora que Luciana, al menos, está estabilizada, tenemos que seguir con la conversación que empezamos antes.

– Ya le dijimos todo...

– Oídme, ¿queréis ayudarla o no?

– Sí –contestó Cinta rápidamente por los tres.

– ¿Todos tomasteis pastillas? –preguntó el doctor.

– Sí.

– ¿Éxtasis?

– Sí.

– ¿Cómo sabéis que era éxtasis?

– Bueno... –*dudó*[52] Máximo–. Se supone que...

– ¿Soléis tomarlo a menudo?

– No –dijeron los dos chicos a la vez.

Probablemente demasiado rápido, aunque...

– ¿Qué efecto os causó? –continuó preguntando.

– Mi cuerpo era una máquina, podía hacer de todo –dijo Cinta.

– Yo quería a todo el mundo –explicó Máximo–. Era genial. Me reía todo el rato.

– Sí, eso –dijo Santi–. Era como estar... muy arriba y muy fuerte.

---

51 *despacho*, lugar preparado para trabajar o estudiar

52 *dudar*, no estar seguro de algo

– ¿Y ahora?

No tuvieron que responder. Bastaba con ver su estado. No importaba si tomaban pastillas habitualmente o no, podían tener *náuseas*[53], dolores de cabeza, en las *articulaciones*[54]...

– ¿Qué le pasó exactamente a Luciana?

– Empezó a subirle la temperatura del cuerpo.

– No –dijo Santi–. Primero *se mareó*[55], y luego empezaron los *calambres*[56] musculares.

– Fue todo junto –aclaró Máximo–. Yo me asusté cuando vi que ya no *sudaba*[57]. Entonces comprendí que le venía un golpe de calor.

– ¿Así que sabéis lo que es eso?

– Sí.

– ¿Y aun así, tomáis esas pastillas?

Era una pregunta sin sentido. Miles de jóvenes lo sabían, y sin embargo, todas las semanas tomaban drogas de diseño.

– ¿Qué pasó después? –siguió el doctor.

– Empezó con las *convulsiones*[58], su corazón *latía*[59] muy rápido... –dijo Cinta.

---

53 *náuseas*, ganas de vomitar; vomitar significa echar violentamente por la boca lo que está en el estómago

54 *articulación*, unión de un hueso con otro

55 *marearse*, cuando una persona se marea, siente malestar en la cabeza y el estómago, tiene náuseas, pierde el equilibrio y puede caerse al suelo

56 *calambre*, contracción involuntaria y dolorosa de los músculos que dura poco tiempo

57 *sudar*, salir agua a través de la piel, por ej. si hace mucho calor, sudas; el sustantivo es sudor

58 *convulsión*, contracción involuntaria, fuerte y violenta de los músculos

59 *latir*, moverse el corazón

– ¿Tenéis aquí una pastilla de esas?
– No.
Con una pastilla al menos sabría qué tenía Luciana en el cuerpo. Un *análisis*[60] de sangre no bastaba. Había que analizar el producto. No sabían contra qué luchaban.
– A nosotros no nos hizo nada –dijo Santi–. ¿Por qué a ella sí?
– No se sabe, por eso es tan peligroso. Os venden química *adulterada*[61]. Luego, cada cuerpo humano reacciona de una forma diferente.
Los tres le habían escuchado con atención.
– Se pondrá bien, ¿verdad, doctor? –preguntó Cinta.
El médico no tenía ninguna respuesta.

10 • 7 horas, 55 minutos

Al salir del despacho del doctor Pons fueron en silencio hacia la sala de espera.
Entonces apareció Eloy; venía corriendo *a toda prisa*[62]. Cinta fue hacia él y le abrazó llorando.
– ¿Qué... ha pasado? –preguntó Eloy asustado.
– Está en coma –dijo Santi.
– ¿Qué? –solo pudo decir Eloy.
– Está en coma –repitió Santi–. ¡Ya sabes!, ¿no?

---

60 *análisis*, examen médico de sustancias del cuerpo humano, por ej. análisis de sangre; el verbo es analizar
61 *adulterado/a*, algo que ya no es puro porque le han añadido una sustancia extraña
62 *a toda prisa*, lo más rápido posible

– Pero... ¿cuánto tiempo...? ¿Qué dicen los médicos? –preguntó todavía sin comprender.

– Que hay que esperar. Las cuarenta y ocho horas siguientes son *decisivas*[63] –respondió Santi.

– ¿Qué *mierdas*[64] habéis tomado? –gritó Eloy de pronto.

– Nada, tío, solo un *estimulante*[65] –dijo Máximo.

– ¿Para qué? ¡Mierda! ¿Para qué?

– Oye, tú también lo habrías tomado, ¿vale?

– ¿Yo? ¡Pero si yo ni fumo!

– Lo tomamos para ver qué pasaba y no cansarnos y...

– ¡Y para ver qué pasaba, *coño*[66]! –añadió Santi.

– Por favor... no *os peleéis*[67]... por favor –dijo Cinta.

– Yo no habría tomado nada –dijo Eloy mirándola–. Ni le habría dejado a Luciana. ¿Lo habéis hecho porque no estaba yo?

– Ha sido una *casualidad*[68] –Santi bajó la cabeza triste.

– Estábamos con Ana y Paco, bailando, y... –dijo Cinta llorando desesperada–. Lo siento..., lo siento...

– ¡Iros *a la mierda*![69] –gritó el joven–. ¡Parecéis críos de...!

---

63 *decisivo/a*, fundamental, que tiene consecuencias muy importantes
64 *mierda*, aquí significa cosa de mala calidad
65 *estimulante*, sustancia que pone a funcionar un órgano del cuerpo
66 *¡coño!*, expresión vulgar para indicar enfado o sorpresa
67 *pelear(se)*, discutir de forma violenta o usando la fuerza
68 *casualidad*, hecho que ocurre sin poder evitarlo debido a varias circunstancias que se dan a la vez
69 *¡a la mierda!*, expresión vulgar para indicar que no aceptamos algo mostrando enfado

No terminó la frase. Se fue y los dejó allí sintiéndose perdidos, culpables.

11 • 8 horas

Se encontró con Norma de pronto, en medio del hospital, mientras intentaba encontrar la forma de ver a Luciana.

– ¡Eloy! –exclamó y se abrazó a él temblando.

Por primera vez desde que la conocía, Eloy no la evitó. Sabía que, como muchas hermanas menores, estaba *enamorada*[70] de él, pero entonces no importó.

– Me han dicho que está... en coma –dijo ella–. Tengo miedo.

– No me han dejado verla –dijo Eloy–. Lo he intentado pero...

– Ven –Norma le cogió de la mano, la primera mano amiga.

Fueron a la habitación de Luciana. Dentro estaban sus padres.

Eloy apenas los vio. Solo podía mirar a Luciana.

– Eloy... –dijo con emoción la mujer levantándose.

– Me quedé a estudiar... Lo siento, ¡lo siento! –dijo sin poder *apartar los ojos*[71] de la persona que más amaba en el mundo.

---

70 *enamorado/a*, que siente mucho amor por una persona o cosa

71 *apartar los ojos*, dejar de mirar

12 • 8 horas, 3 minutos

Eloy, sabía que vendrías. ¡Me alegra tanto tenerte a mi lado!

Siento lo último que te dije…

Te quiero. No hablaba en serio, ¿sabes?

Creo que me asustaba comprometerme[72]. *Se dicen tantas* tonterías[73] *sobre el primer amor: que si se empieza pronto luego se rompe enseguida, que es mejor vivir primero y después…*

Seguro que has estudiado toda la noche. Si el lunes suspendes[74] *el examen, será culpa mía. Lo siento mucho, cariño, no quería acabar así. Solo quería pasar una noche loca.*

Aunque te echaba de menos[75]. *Me crees, ¿verdad?*

Claro. Por eso estás aquí.

Cógeme de la mano, por favor.

Así…

Ahora ya no me importan el silencio ni la oscuridad[76].

13 • 8 horas, 7 minutos

– ¿Estabais vosotros con Luciana Salas?

---

72 *comprometerse*, decidir dos personas que van en serio o que van a casarse

73 *tontería*, cosa sin sentido, sin importancia

74 *suspender*, no tener los puntos necesarios para pasar con éxito un examen

75 *echar de menos*, cuando echamos de menos a alguien, sentimos pena porque esa persona no está

76 *oscuridad*, cuando hay poca luz o ninguna; es el sustantivo de oscuro

Lo miraron los tres, sorprendidos por la inesperada presencia.

– Sí –dijo Máximo.

– Inspector Vicente Espinós –se presentó el hombre.

– ¿Policía? –preguntó Santi, preocupado.

– ¿Qué creéis? Es un *delito*[77], ¿no os parece?

– Nosotros no hemos hecho nada –se defendió.

– ¿Quién os dio esa pastilla? –preguntó el hombre.

Los tres se miraron, inseguros, con miedo. El policía continuó con voz más dura.

– Debéis contármelo cuanto antes. Quizás os vendieron algo adulterado, ¿entendéis? Si no hacemos algo ahora, esta noche otros jóvenes acabarán como vuestra amiga. Es más: si conseguimos una pastilla como la que se tomó ella, probablemente la ayudaremos a *recuperarse*[78].

– No lo conocíamos –dijo Cinta.

– ¿Qué aspecto tenía?

– Pues... no sé –dudó Cinta.

– Era un hombre de unos treinta años, quizás menos –dijo Máximo–. Me pareció normal. Todo fue muy rápido, y estaba oscuro.

– Era la primera vez... –dijo Santi.

– ¿Algún *dato*[79], color de ojos, de pelo...?

– Bajo, pelo negro y corto, vestía traje oscuro.

– *Nariz aguileña* –recordó Santi.

---

77 *delito*, acto en contra de la ley

78 *recuperarse*, volver una persona o cosa a su estado normal después de estar enferma o de pasar por una situación difícil; el sustantivo es recuperación

79 *dato*, información concreta

– ¿Algún nombre?

– No.

– ¿Cuánto os costó lo que comprasteis?

– Dos mil cada uno. Pedía dos mil quinientas, pero al comprar varias...

– ¿Tomasteis todos?

– Tomamos todos –dijo Cinta.

– ¿Cómo eran las pastillas?

– Blancas, redondas, tipo aspirina y más pequeñas...

– Tenían una media luna dibujada –dijo Santi.

– ¿Una media luna? –el hombre parecía enfadado.

– Sí.

– ¿Qué pasa? –quiso saber Máximo.

– No os importa –se apartó de ellos pensativo y añadió–: ¿Dónde fue?

– En el Pandora's.

– Muy bien –dijo–. Dejadme vuestros teléfonos y direcciones, y si recordáis algo más, llamadme –les dio su *tarjeta*[80]–. A cualquier hora, ¿de acuerdo?

---

80 *tarjeta (de visita)*, pieza rectangular y pequeña de cartulina que contiene los datos personales de alguien: su nombre, profesión, dirección o teléfono

14 • 8 horas, 12 minutos

Volvieron a encontrarse con Eloy en la puerta de urgencias. *Notaron*[81] que había estado llorando.

– ¿La has visto? –preguntó Cinta.

– Sí –dijo Eloy furioso–. ¿Habéis llamado a Loreto?

– Sí, pero hemos hablado con su madre. No ha querido despertarla.

– ¿Tenéis alguna pastilla más de esas? –preguntó de pronto Eloy.

– No.

– Los médicos no saben qué había en ella. Si conseguimos una, quizás...

– Sí, ya lo sabemos –dijo Santi.

– ¿De verdad crees que una pastilla ayudaría a...? –dijo Cinta.

– ¡No lo sé, pero se podría intentar!, ¿no?

Eloy estaba muy nervioso, lleno de rabia.

– ¿Adónde ibais? –les preguntó.

– A casa, a dormir un poco –dijo Cinta.

– ¿Ella está muriéndose y vosotros os vais a dormir? –dijo Eloy con voz dura.

– ¡Estamos *agotados*[82], tío! ¿Qué otra cosa podemos hacer? –protestó Máximo.

– ¿Te pasas los fines de semana bailando de viernes a domingo, y ahora dices que estás agotado? –gritó Eloy furioso.

– Ya vale, Eloy –intentó calmarlo Santi.

---

81 *notar*, ver, sentir

82 *agotado/a*, muy cansado

– Tú compraste esa mierda, ¿verdad? –le dijo a Máximo.

– ¿Y qué pasa si fui yo, eh? –gritó Máximo enfadado.

– ¡*Maldito*[83] *cabrón*[84]!

Eloy se le echó encima, pero Santi y Cinta se pusieron en medio y consiguieron separarlos.

– ¡Por favor, no os peleéis! –gritó la joven llorando, muy nerviosa.

– Vamos, Eloy, cálmate –pidió Santi–. No es culpa de nadie. Raúl trajo a ese tío y...

– ¿Estaba ahí ese idiota? –abrió los ojos Eloy.

– Sí –dijo Santi.

15 • 8 horas, 20 minutos

El doctor Pons le mostró el informe del análisis de sangre.

– No es éxtasis –aclaró el médico–, sino *eva*[85].

– Ya me lo imaginaba –dijo el inspector Espinós–. La gente lo sigue llamando éxtasis pero...

– Teníamos el éxtasis bastante estudiado... –dijo el doctor Pons con voz triste–. Cuando vamos estudiando una cosa, la prohíben, y entonces aparece otra más difícil de descubrir. El eva es menos fuerte que el éxtasis, pero su efecto es más rápido, por eso es más peligroso. No sabemos mucho más.

– ¿Y además de eva, qué había en esa pastilla?

---

83 *maldito/a*, malo, que molesta, enfada o hace sufrir a los demás

84 *cabrón/a*, persona que tiene mala intención, causa daño o molesta a los demás con sus acciones (vulgar)

85 *eva*, tipo de droga de diseño, de la misma familia que el éxtasis

– El análisis no es suficiente. El cuerpo ya ha eliminado algunas sustancias. Según los laboratorios de *toxicología*[86], en ninguna de estas pastillas hay lo mismo que en otra.

– Según esos chicos, esta tenía una media luna dibujada –dijo el policía–. Es la primera con esta marca. Seguramente ha llegado mercancía nueva a la ciudad, quizás viene de lejos.

– De momento, esta luna ya tiene una víctima. A veces se necesita una muerte para *conmocionar*[87] a la sociedad –dijo Juan Pons con mucho cuidado–. En los últimos años ha aumentado mucho el *consumo*[88] de drogas de diseño en nuestra región. Y ya verás dentro de diez años, porque estos chicos sufrirán depresiones e importantes daños *cerebrales*[89] y físicos.

– Este caso traerá problemas, eso está claro –dijo el policía.

– ¿Te han dado algún dato interesante esos chicos?

– Una nariz aguileña –dijo Vicente Espinós–. Es suficiente por ahora.

Se levantó y le *dio la mano*[90] a su amigo antes de irse.

---

86 *toxicología*, parte de la medicina que estudia las sustancias tóxicas y sus efectos en los seres vivos; tóxico/a significa que puede producir daños graves o la muerte

87 *conmocionar*, significa que un hecho desagradable produce una gran impresión o sorpresa en alguien; el sustantivo es conmoción

88 *consumo*, es el sustantivo de consumir; consumir significa comprar y usar o tomar un producto

89 *cerebral*, del cerebro; órgano que está dentro de nuestra cabeza, gracias al que tenemos inteligencia y emociones

90 *dar la mano*, saludar una persona a otra ofreciéndole la mano

16 • 8 horas, 32 minutos

Marcó[91] el número de teléfono, y miró a través de la *cabina* para asegurarse de que la calle estaba tranquila.

cabina

– ¿Sí? –le contestó una voz femenina.

– ¿El señor Castro?

– Duerme. ¿Quién le llama?

– Poli García.

– ¿Qué quieres?

– Ha habido una *movida*[92]. Una chica en el hospital. Tengo que hablar con él.

– ¿Por qué? ¿Qué interés tiene Alex en esa chica?

– Le vendí una luna. De las primeras.

– Espera.

– ¿Poli? –escuchó a Alejandro Castro tras unos minutos–. ¿Qué mierda es esa?

---

91 *marcar*, tocar los números de un teléfono para hacer una llamada

92 *movida*, lío, hecho o situación difícil que causa problemas (coloquial)

– Pues que, estuve en el Pandora's, vendí unas cincuenta, y cuando me fui una chica tuvo un golpe de calor.

– ¿Está bien?

– ¡No lo sé! Debe estar en algún hospital.

– ¡Eh, eh, tranquilo!

– ¿Tranquilo? Estas movidas no me gustan. ¡Coño, me dijiste que era mercancía muy buena!

– Oye, Poli: yo no las fabrico, las *importo*[93]. Y trabajo con gente que lo hace bien.

– Vale, pero yo tengo doscientas pastillas y ya veremos qué pasa esta noche.

– ¡Yo tengo quince kilos, y hay que venderlas!

– Si esa cría muere, la policía me buscará por todas partes, y si me encuentran...

– ¿Si te encuentran, qué? –dijo Castro con voz dura.

– Nada –respondió Poli notando su tono–. Supongo que estoy un poco nervioso.

– Pues tómate algo y cálmate, ¿vale?

– ¡Vale!

Castro colgó sin despedirse.

17 • 9 horas

Loreto entró en la cocina. Su madre la miró. Le *horrorizaba*[94] ver a su hija tan delgada y enferma. Los brazos y las piernas eran simples huesos con apenas unos gramos de carne. El pecho no existía. La cara era solo piel.

---

93 *importar,* traer a un país productos extranjeros

94 *horrorizar,* producir una cosa horror, mucho miedo

– Hola, mamá. Buenos días.

– Buenos días, cariño. ¿Cómo te encuentras?

– ¡Oh!, muy bien.

– ¿Quieres desayunar? –le preguntó intentando mostrar naturalidad.

– Unos cereales, con leche.

– ¿Te los pongo yo?

– No, ya lo haré yo misma, gracias. Voy a lavarme –dijo Loreto.

Loreto debía comer algo sin mostrar *gula*[95] o *ansiedad*[96], y no *vomitarlo*[97] después. Esa era la *clave*[98].

Como su hija, ella también intentaba ser fuerte para poder seguir. Los médicos, los psiquiatras sobre todo, se lo repetían una y otra vez. Sin ella, Loreto estaría perdida.

De pronto recordó la llamada telefónica.

– ¡Loreto! –dijo entrando en el baño.

– ¡Mamá! –gritó Loreto cubriéndose su cuerpo *desnudo*[99].

– Lo... siento, hija. Es que algo le ha pasado a Luciana y...

– ¿Qué pasa? –dijo preocupada.

– La han llevado al Clínico. Parece que se ha tomado algún tipo de droga esta noche.

– ¡Oh, no! –dijo Loreto asustada–. ¿Está bien?

---

95 *gula*, comer o beber demasiado y de forma desordenada

96 *ansiedad*, estado en el que una persona está muy nerviosa y siente miedo

97 *vomitar*, ver explicación en página 20

98 *clave*, persona o cosa importante, fundamental o necesaria para algo

99 *desnudo/a*, sin ropa

– No lo sé. Han llamado muy temprano.

– ¿Por qué no me despertaste?

– Vamos, hija, ¿qué podía hacer según estás tú?

– Tengo que ir allí –dijo Loreto.

– ¿En tu estado?

– Mamá...

Salió del baño y llamó por teléfono a casa de Luciana.

– No hay nadie –dijo finalmente y colgó.

En ese instante sonó el teléfono.

18 • 9 horas, 5 minutos

Vicente Espinós salió del Clínico y *se detuvo*[100] en la *acera*[101]. De pronto le vio a él.

– ¡Vaya por Dios! –exclamó el policía, no muy contento.

– Hombre, la ley –dijo el otro hombre deteniéndose delante de él.

No podía ser una casualidad. No con Mariano Zapata.

– ¿Qué hace por aquí? –le preguntó.

– Creo que lo mismo que usted –sonrió el periodista–. ¿Qué hay de esa chica?

– ¿Por qué no le hace un favor a ella, y a la *investigación*[102], y se va?

---

100 *detener(se)*, aquí significa parar(se)

101 *acera*, parte de la calle preparada para las personas que van a pie

102 *investigación*, es el sustantivo de investigar; investigar es intentar saber o descubrir una cosa examinando toda la información posible o preguntando

– Vamos, Espinós. Debería saber que es bueno informar sobre esas cosas –explicó Zapata–. Muchos padres les prohibirán a sus hijos salir el próximo fin de semana, y, quizás, algunos jóvenes ya no tomarán más *porquerías*[103] recordando el caso de esta chica.

– Sí, pero la información puede darse de muchas maneras.

– ¿Quiere decir que yo la *manipulo*[104]?

Quería decirle lo que pensaba, pero se calló. Mariano Zapata era un *sensacionalista*[105].

– Si habla de esa chica, los responsables de lo que le ha pasado tomarán *precauciones*[106].

– Así que debo callar para ayudarles a realizar su investigación.

– Más o menos –dijo el policía.

– No puedo creerlo. ¡La gente tiene derecho a saber lo que pasa! ¡Cuanto antes mejor!

El policía comenzó a andar, sin despedirse.

– Vamos, Espinós. Tiene todo el día de hoy para investigar el caso, ¿qué más quiere?

Quería *romperle la cara*[107], o *detenerle*[108], pero hasta Mariano Zapata tenía derechos...

---

103 *porquería*, algo que comemos que puede causar un daño a nuestra salud (coloquial)

104 *manipular*, controlar la información presentándola de la manera que le interesa a alguien para obtener un efecto determinado; el sustantivo es manipulador/a

105 *sensacionalista*, que presenta las noticias o la información para producir sensación o impresión en su público

106 *precaución*, cuidado con que se actúa para evitar algo negativo

107 *romper la cara*, darle muchos golpes a alguien (coloquial)

108 *detener*, aquí significa que la policía lleva a alguien a la cárcel

HOSPITAL CLÍNICO
URGENCIAS

19 • 9 horas, 17 minutos

Al llegar al *portal*[109] del edificio, Santi se acercó a Cinta y la besó. Ella no reaccionó.

– No deberías quedarte sola –dijo él.

– Lo sé –contestó Cinta.

– Déjame subir.

– Ahora no.

– ¿Por qué? Tus padres vuelven mañana.

– Porque terminarás como siempre, y no tengo ganas.

– Escucha, solo quiero *tumbarme*[110] un rato. Y así estamos juntos. Ha sido un *palo*[111], y no quiero dejarte sola.

Cinta lo miró dudando.

– Además dije en casa que estaría fuera todo el fin de semana –continuó él–. Si voy ahora creerán que ha pasado algo.

– Sí, claro...

– Vamos, no seas así.

Santi abrazó a Cinta y la besó en la frente. Ella se dejó *acariciar*[112]. Entraron en el portal en silencio, abrazados.

---

109 *portal*, entrada principal de un edificio

110 *tumbarse*, acostarse sobre una superficie horizontal para descansar o dormir

111 *palo*, experiencia o situación desagradable y triste (coloquial)

112 *acariciar*, pasar suavemente la mano por el cuerpo de otra persona; el sustantivo es caricia

20 • 9 horas, 26 minutos

Abrió la puerta con cuidado, para no hacer ruido, pero su madre apareció en el *pasillo*[113].

– ¡Vaya horas, Máximo! –dijo preocupada.

– Estoy bien, mamá. No he bebido.

Su madre parecía no creerle, como siempre.

Su padre apareció por la puerta del baño.

– ¿Qué, por qué no vuelves a salir ya? –le gritó.

– Se me ha hecho tarde. No voy a estar mirando la hora...

– ¡Ay, hijo, primero llegabas a las tres o las cuatro, luego al *amanecer*[114], y ahora...! –exclamó su madre.

– Oye, tengo casi diecinueve años, ¿vale?

– ¡A tu madre no le contestes!, ¿me oyes? ¡Te rompo la cara! ¡Crío de mierda!

– Bueno, no discutáis –intentó calmarles la mujer.

– ¡Y ahora dormirás hasta la hora de comer! *¡Me estoy hartando*[115]*!*

– Vale, oye, no grites –dijo Máximo viendo que su madre iba a empezar a llorar.

– ¡Tú cállate, que yo grito lo que quiero!

Máximo no le contestó y entró furioso en su habitación.

---

113 *pasillo*, espacio largo y estrecho que comunica las habitaciones o partes dentro de una casa o edificio

114 *amanecer*, tiempo durante el que empieza a aparecer la luz del día

115 *hartarse*, significa que una persona o cosa nos molesta o estamos cansados de ella

21 • 9 horas, 30 minutos

Los padres de Luciana entraron en la sala. Mariano Zapata se levantó y les dio la mano.

– ¿Señores Salas? –dijo el periodista mostrándoles su *carné de prensa*[116].

Esther Salas lo miró sin comprender.

– ¿Cómo está su hija Luciana? –se interesó el periodista.

– En... coma –dijo Luis Salas.

– Sí, lo sé. Quería decir si ha habido algún cambio –aclaró Mariano Zapata.

– No, dicen que aún es... pronto.

– Lo siento mucho. Estas cosas son terribles.

– ¿Va a escribir algo sobre nuestra hija? –dudó Luis Salas.

– Debo hacerlo.

– ¿Porque es noticia?

– Es algo más que eso. Cuando estas cosas pasan, la *desgracia*[117] de una persona suele salvar a otras.

– No le entiendo –dijo la mujer en voz baja.

– Un caso como el de Luciana sirve para avisar a posibles víctimas y a sus padres –le aclaró su marido.

– Así es –dijo el periodista–. Por eso quería hablar con ustedes, saber algo más de su hija, cómo era...

– Ahora mismo solo podemos pensar en estar a su lado –dijo Luis Salas.

---

116 *carné de prensa*, documento que reconoce a una persona como periodista

117 *desgracia*, situación o hecho que produce mucho dolor o pena

– Esta noche muchos jóvenes tomarán la misma porquería que Luciana–dijo él.

– Se lo ruego, señor Zapata –pidió Luis Salas.

– ¿Podría hacerle una fotografía a Luciana?

– ¡No! –exclamó la madre, horrorizada–. ¡Nadie la verá así, por Dios!

– De acuerdo, señora –aceptó el periodista–. Lo siento.

Y volvió a darles la mano antes de irse.

22 • 9 horas, 38 minutos

Cinta sintió la mano de Santi en su cuerpo desnudo, y rápidamente la detuvo.

– ¡Estate *quieto*[118]! –gritó furiosa.

– Es que te veo así...

– ¿Podrías hacerlo ahora? –preguntó Cinta.

– ¿Por qué no?

– ¿Con Luciana en el hospital, en coma?

– Pues por eso necesito...

– Eres un *cerdo*[119] –le dijo Cinta apartándose de él en la cama.

– Perdona, ¿vale? –contestó Santi.

Cinta no respondió. De pronto empezó a llorar, pero no por él. Luciana estaba allí, entre ellos, en sus *mentes*[120].

---

118 *quieto/a*, que no se mueve

119 *cerdo/a*, persona a la que no le importa si algo es bueno o malo moralmente, o que tiene mala intención (coloquial)

120 *mente*, pensamiento

23 • 10 horas

Al principio le había gustado Luciana. Las conoció a las dos al mismo tiempo, eran *inseparables*[121], sin olvidar a Loreto, que apareció después. *Tenían* muchísima *marcha*[122], la música era su pasión.

Luciana era más difícil, y además, le gustaba Eloy. Entonces *se fijó en*[123] Cinta, y ella en él. Todo fue muy rápido. Completamente enamorados.

La oía llorar. Quería abrazarla, pero no lo hizo. Cinta tenía mucho carácter.

Cerró los ojos, y vio a todos la pasada noche, bailando. Luciana, Máximo, Cinta, Raúl, Ana, Paco, él...

Oía sus voces.

– Vamos... a ver qué pasa.

– Oye, esto no será muy fuerte, ¿verdad?

– Venga, tía.

– Que no, de verdad.

– ¿No te lo vas a tomar? ¡Pues serás la única!

– En fin... pero no se lo digáis a Eloy.

– A ver si tienes que pedirle *permiso*[124] para todo.

– No toméis alcohol con esto. *Te deshidratas*[125]. Y bebed agua cada hora, pero no demasiada.

---

121 *inseparable*, que tiene muy buena relación con otra persona y se quieren mucho

122 *tener marcha*, estar siempre con energía, alegre y con ganas de pasarlo bien; si un lugar tiene marcha, significa que hay mucha animación o diversión en él

123 *fijarse en*, notar, mirar con atención

124 *permiso*, es el sustantivo de permitir; permitir significa que alguien nos deja hacer una cosa

125 *deshidratarse*, perder el agua que tiene el cuerpo

– ¿Qué tal? ¿*Coloca*[126] o no?
– Yo no siento nada.
– ¡Venga, vamos a bailar! ¡Qué marcha!
Santi abrió los ojos asustado. Necesitaba el abrazo de Cinta.
Cinta... –dijo en voz baja.
No hubo respuesta.

24 • 10 horas, 1 minuto

Cinta estaba tumbada, en silencio. No podía dejar de pensar.
Ella y Luciana habían sido las más *contrarias*[127] a tomar la pastilla. La idea había sido de sus amigos. Raúl y Máximo consumían habitualmente. Ana y Paco no eran parte del grupo, pero los conocían. Ana parecía haber probado de todo.
– ¿No dices que quieres probar experiencias nuevas, y que le has dicho a Eloy que vas a tomártelo con calma? Pues empieza.
– Creo que soy idiota.
– Vale, mañana se lo dices a Eloy. Pero esta noche vamos a divertirnos.
– La verdad es que pagar dos mil pelas por esto...
– Yo así me olvido un rato de los exámenes.
– Seguro que me mareo y vomito.
– ¡Venga, tía! ¡Tómatela ya y cállate!

126 *colocar*, aquí significa que las drogas o el alcohol causan su efecto en una persona
127 *contrario/a*, en contra

Después la vio caer al suelo, estaba muy mal... La sacaron fuera, empezaron los gritos, esperaron la ambulancia, y todo lo demás...

Recordaba cuando se conocieron. *Hacían cola*[128] para comprar dos entradas del concierto de su grupo preferido, y de pronto cerraron la *taquilla*[129] porque se habían acabado. Sin saber cómo, acabaron juntas, llorando y abrazándose.

Desde entonces fueron como hermanas. Luego, Luciana le presentó a Loreto. Eran *íntimas*[130].

Luciana y ella hasta tenían planes. Se querían ir a vivir juntas.

Ahora todo parecía increíble, lejano, ¡sin sentido!

25 • 10 horas, 2 minutos

Máximo tampoco podía dormir. Eloy tenía razón. En gran parte, la culpa era suya. Él llevó las pastillas a Luciana, Cinta y Santi. Él y, por supuesto, Raúl.

– ¡Vamos, tío, si compramos unas cuantas son más baratas!

– ¿Colocan bien?

– ¡Pues claro! Es éxtasis, no una mierda de colores para críos.

– Ya lo sé, ¿qué te crees? Pero no sé si ellas...

---

128 *hacer cola*, esperar una persona detrás de otra en una línea para hacer algo en orden

129 *taquilla*, lugar donde se venden entradas para un espectáculo como un concierto, cine, teatro, etc.

130 *íntimo/a*, persona que es muy amiga de otra

– ¿Luci y Cinta? ¿Qué son, bebés?

Entonces había aparecido el camello. Raúl y él se conocían.

– ¿Son bonitas, verdad? Mirad, una luna. Dos mil cada una si compráis seis. Precio de amigo.

– De amigo sería a mil.

– Sí, hombre, si quieres te las regalo.

– ¡Venga!

Entonces fueron con Cinta, Santi y Luciana. Paco y Ana también estaban allí. Siete pastillas. Catorce mil pesetas.

Todos formando una *cadena*, el camello, Raúl, él, y, finalmente, Luciana. Una cadena que se rompía por el *eslabón* más pequeño y más débil.

Si Luciana moría, si se quedaba en coma... Sintió un profundo dolor.

De pronto se levantó. Estaba temblando.

26 • 10 horas, 23 minutos

Un hombre salía del portal y Eloy entró en el edificio. Subió corriendo tres pisos y llamó a la puerta.

Le abrió Julia. Era la hermana de Raúl, una atractiva rubia de catorce años.

– Vaya –le sonrió–. Es toda una sorpresa. ¿Cómo estás?

– Bien. ¿Está Raúl?

– Julia pareció sorprenderse por la pregunta.

– ¿Es una *broma*[131]? –sonrió–. Pasa.

– No, tengo prisa.

– ¿No conoces a Raúl? El fin de semana no aparece por casa. Estará en un after hours.

– ¿Sabes dónde podría encontrarlo?

– No suele decir adónde va. ¿Por qué lo buscas?

– Necesito una información *urgente*[132] –contestó Eloy.

– Pues hasta el lunes...

– Vale, gracias.

– Estoy sola –le dijo–. Y aburrida.

– Y yo de exámenes.

Eloy ya estaba en la escalera. Julia cerró la puerta sin despedirse.

27 • 10 horas, 35 minutos

Vicente Espinós entró en la *pensión*[133] Ágata. Un hombre calvo, bajito, con una camiseta sudada, apareció en la recepción.

– Hola, Benito –le saludó el policía.

---

131 *broma*, algo que decimos o hacemos para reír

132 *urgente*, que se tiene que hacer o solucionar rápidamente

133 *pensión*, establecimiento de baja categoría donde una persona puede dormir y comer

– Hola, inspector, ¿qué le trae por aquí? –dijo el hombre intentando parecer tranquilo.

– Busco al *Mosca*[134].

Entonces apareció una mujer mayor, pero aún atractiva, con ropa muy *ajustada*[135].

– ¡Inspector! –exclamó con apariencia feliz.

– Hola, Ágata.

– Está buscando al Mosca –informó Benito a su esposa.

– El bueno de Policarpo. ¿Qué ha hecho ahora, inspector?

– Solo quiero hablar con él, nada importante.

– Se marchó hace dos meses –informó Benito.

– ¿Adónde?

– Ni idea. Solo sabemos que se veía con la Loles, ¿la conoce?

– Sé quién es –dijo Vicente Espinós.

– Bueno, pues me alegro –dijo la mujer.

– Si lo veis... –dijo el inspector al irse.

– Lo llamamos, inspector, por supuesto.

No lo harían, pero no importaba.

28 • 10 horas, 42 minutos

Loreto se miró desnuda en el *espejo* de su habitación.

Casi podía contar sus huesos, la piel seca, el pelo débil que se le caía cada día más.

Y aun así, se sintió gorda.

---

134 *el Mosca*, es el alias de Policarpo García; ver explicación en página 76

135 *ajustado/a*, es lo contrario de ancho

espejo

Tenía que *enfrentarse*[136] a la realidad, como le había dicho el psiquiatra.

Se estaba muriendo. Si no dejaba de comer sin control para vomitar después al sentirse culpable de ello y temiendo a la *obesidad*[137], sería el fin.

Pensó en Luciana, tan llena de vida, siempre alegre.

El día antes había estado allí y también la había obligado a mirarse en el espejo.

– ¡Por Dios, Loreto!, ¿no lo ves? ¡Mira tus dedos, tus dientes, tus pies!

Era un monstruo.

– ¡Voy a ayudarte a *superar*[138] esto, Loreto! ¡Te lo prometo! ¡Comeremos juntas, lo necesario, y no te dejaré vomitar!

Y ahora ella estaba en coma. Se moría.

Era tan injusto...

Por Luciana, y por ella misma también, porque la dejaba sola.

– Por favor, no te mueras –dijo en voz baja.

29 • 10 horas, 57 minutos

Mariano Zapata estaba en la cafetería del hospital, cuando apareció Norma, triste, preocupada.

– Eres Norma Salas, ¿verdad? La hermana de Luciana –dijo acercándose a ella.

– Sí –respondió sin imaginarse quién era.

---

136 *enfrentarse*, hacer frente a un problema o a una situación difícil
137 *obesidad*, estar demasiado gordo
138 *superar*, vencer un obstáculo, una dificultad

– ¿Cómo está?

– Igual. ¿Usted es...?

– ¡Oh, perdona! Me llamo Mariano. Soy de la Asociación Española de Ayuda a *Drogodependientes*[139].

– Mi hermana no es una *drogata*[140] –la defendió.

– Claro, claro, no se trata de eso. Es que se va a hablar mucho de este caso, ¿entiendes?

– ¿Por qué?

– Tu hermana es una chica joven y *sana*[141], había salido para pasarlo bien, y sin embargo, ahora puede morir. Esa porquería que se tomó... éxtasis, ¿verdad?

– El médico dice que no es éxtasis, sino eva.

– Bueno, es parecido. ¿Qué edad tiene tu hermana?

– Casi dieciocho.

– ¿Estudia o trabaja?

– Aún estudia, pero le encanta el *ajedrez*[142].

– ¿Ah, sí? Interesante. ¿Es buena?

– Mucho. Ha ganado varios campeonatos escolares.

– ¿Dónde ocurrió todo?

– En una discoteca llamada Pandora's.

– ¿Iba sola?

– No, con sus amigos y amigas. Ayer era viernes por la noche.

– Sí, claro, es normal. ¿Tiene novio?

---

139 *drogodependiente*, drogadicto/a, persona que consume habitualmente droga y depende de ella física o psíquicamente

140 *drogata*, drogadicto/a (coloquial)

141 *sano/a*, que tiene buena salud; también significa que tiene buenos hábitos

142 *ajedrez*, ver ilustración en página 49

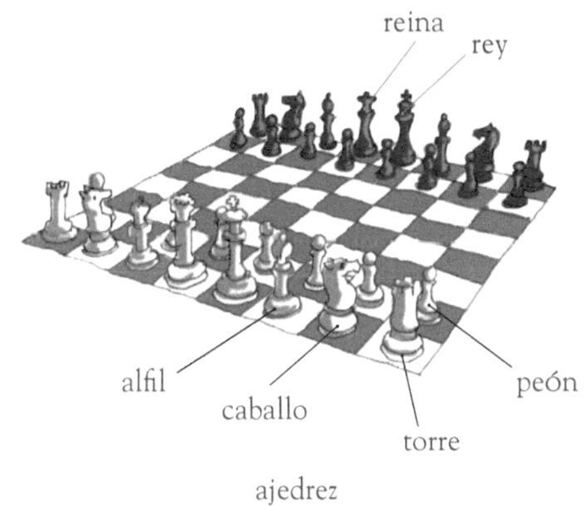

ajedrez

Entonces, Norma se dio cuenta de que estaba hablando con un desconocido. Aunque no parecía mal tío. Él también notó su reacción.

– ¿Tomas algo? –le preguntó él rápidamente para cambiar de tema.

30 • 11 horas, 9 minutos

Poli García cruzó la calle y entró en el bar de la esquina. Fue a la *barra*[143].

– Un café y la *guía telefónica*[144], por favor –le pidió al camarero.

Poli buscó en la guía los teléfonos de los hospitales de la ciudad y los anotó en un papel.

---

143 *barra*, lugar detrás del cual los camareros sirven las bebidas y comidas a los clientes en bares, discotecas, restaurantes, etc.

144 *guía telefónica*, libro en el que aparece el número de teléfono, nombre y dirección de las personas que tienen este servicio

Pagó y fue hacia el teléfono al final de la barra. Marcó el primer número.

– Urgencias, ¿dígame?

– Perdone, ¿podría decirme si está *ingresada*[145] ahí una chica que anoche tomó drogas en una discoteca? La llevaron en una ambulancia…

Negativo.

Llamó a tres hospitales más hasta que tuvo la respuesta.

– ¿Luciana Salas Masoliver? –le preguntó una voz femenina.

Poli no tenía ni idea.

– Sí, sí, es ella –dijo pareciendo preocupado–. ¿Cómo está?

– Perdone, pero…

– Mire, mi hermana me ha dejado el mensaje en el *contestador*[146] contándome lo que había pasado, pero sin decirme el hospital ni nada, y estamos fuera… ¡ay, Dios mío!, solo quiero saber… está viva, ¿verdad?

– ¿Es su sobrina? –preguntó la mujer.

– Sí, por favor… ¡por favor!

– Bueno… Se ha estabilizado y por ahora está bien, aunque sigue en peligro… sigue en coma. Es cuanto puedo decirle.

– Gracias, ha sido usted muy amable.

Colgó y golpeó la barra lleno de rabia.

Salió del bar confuso, sin saber adónde ir o qué hacer.

---

145 *ingresado/a*, que ha entrado en un hospital para curarse; el verbo es ingresar

146 *contestador*, aparato conectado al teléfono en el que puedes dejar mensajes cuando llamas a alguien y no puede contestar

31 • 11 horas, 12 minutos

Eloy se encontró el primer *local*[147] de baile cerrado.

Era uno de los pocos lugares donde podría estar Raúl a esa hora.

Se sentó en la acera. Estaba muy confuso y *desanimado*[148].

Sin embargo, tenía que hacer algo para no volverse loco. Tenía que conseguir una de aquellas pastillas para intentar salvar a Luciana.

Recordó la primera vez que la vio.

Estaba en casa de Alfredo y oyó que iba a llegar «la *Karpov*[149]». La llamaban así porque había ganado un campeonato de ajedrez escolar. Se imaginó a una chica con gafas, fea, muy masculina. Sin embargo, en cuanto la vio se le paró el corazón. *Flechazo*[150] puro.

Nunca podría amar a nadie como amaba a Luciana. Por eso *se había declarado*[151]. Eran novios desde hacía un año, pero él quería comprometerse y hacer planes. Por eso no entendía lo que había hecho Luciana.

¿Por qué se había quedado él a estudiar?

Sin embargo, Máximo tenía razón: Luciana se habría tomado aquella cosa igualmente. Y seguramente él también, para no parecer idiota y hacer todo juntos.

---

147 *local*, lugar cerrado en el que se realiza alguna actividad

148 *desanimado/a*, que ha perdido la fuerza o energía para continuar haciendo algo

149 *Anatoli Karpov*, jugador de ajedrez ruso muy famoso que ha sido campeón del mundo muchas veces

150 *flechazo*, sentir amor por alguien de pronto

151 *declararse*, expresar el amor que una persona siente por otra

Ahora el pasado no tenía solución, pero el futuro sí. De pronto se levantó y continuó su búsqueda.

32 • 11 horas, 17 minutos

Mariano Zapata marcó el número telefónico. La secretaria contestó enseguida.

– Marisa, ponme con Gaspar –le dijo.

– ¿Mariano? –escuchó la voz de su compañero y jefe.

– Oye, hazme un favor: necesito toda la información posible sobre el éxtasis, el eva, los casos en Inglaterra de comas y muertes de adolescentes, y estadísticas españolas.

– ¿Dónde estás?

– En el Clínico, con algo muy bueno. Una adolescente en coma por un golpe de calor debido al eva.

– ¿Crees que es interesante?

– ¿Una buena niña, campeona de ajedrez, limpia, sana? Esto va en *portada*[152] mañana, ¿vale?

– Vale, vale. Tú eres el experto –dijo Gaspar.

– Una noticia así causará una gran conmoción entre la policía, las discotecas *makineras*[153] donde se *trafica*[154], y esos críos que se pasan el fin de semana bailando con

---

152 *portada*, aquí significa la primera página de un periódico

153 *makinero/a*, en una discoteca makinera se escucha un estilo de música llamado mákina, ver explicación en página 76

154 *traficar*, comprar y vender cosas a menudo ilegales

la muerte... –se detuvo un instante y dijo–: ¡Eh, buen *titular*[155]: «Bailando con la muerte»! ¡Me gusta!

– Eres increíble –dijo Gaspar–. Disfrutas con tu trabajo, ¿eh?

– Solo me falta la fotografía de la chica.

– Si hay foto por supuesto que es portada –dijo Gaspar.

– La tendrás.

– Buena movida.

– Hasta luego. Te tendré informado –se despidió el periodista.

33 • 11 horas, 29 minutos

Vicente Espinós llamó a la puerta varias veces y esperó.

– ¿Quién es? –dijo una voz poco amable.

– Abre, Loles.

La puerta se abrió solo unos centímetros.

– ¿Qué quiere? –dijo la mujer al reconocerlo.

El inspector *empujó*[156] la puerta *suavemente*[157] y entró en la caótica habitación. Loles olía a vino barato y a sudor. Tenía un aspecto horrible.

– Estoy buscando al Mosca –le dijo.

– Yo, sin embargo, ya no le busco –protestó la mujer.

---

155 *titular*, en un periódico, es el título de las noticias y artículos que aparece escrito en letras más grandes

156 *empujar*, hacer fuerza contra algo o alguien para moverlo

157 *suavemente*, sin hacer mucha fuerza; también significa de forma agradable

– Según parece, estabais juntos.

– Pues no está muy bien informado.

– ¿Cuánto hace que no lo ves?

– Se fue hace un par de meses.

– ¿Os peleasteis?

– No nos entendíamos –dijo Loles, sin mostrar ninguna emoción.

– ¿Me estás diciendo la verdad?

– Pues, claro. Es un maldito idiota. ¿Qué ha hecho, inspector?

– Una chica está en coma por su culpa, y puede morir. Poli le vendió algo, ¿entiendes?

Loles permanecía inexpresiva. Espinós recordó que Loles tenía una hija adolescente.

– ¿Tu hija se salió de la heroína? –preguntó de pronto.

– Mi hija murió hace dos años –dijo mirándole fijamente, rota de dolor.

– Lo siento.

– Pensión Costa Roja –dijo Loles en voz muy baja.

Y cerró la puerta sin despedirse.

34 • 11 horas, 53 minutos

Máximo intentó abrir los ojos, moverse, pero no pudo.

Le había sucedido un par de veces y era horrible.

Querer y no poder. Desear gritar, pedir ayuda, y sentirse muerto en vida. ¿Era eso lo que sentía Luciana?

Nunca había sentido tanto miedo. Sabía que era una pesadilla, que debía calmarse y en unos segundos todo volvería a la normalidad.

Finalmente despertó, *sudoroso*[158], con el corazón latiéndole a toda prisa.

35 • 12 horas, 9 minutos

Santi estaba dormido. Ella solo podía pensar en Luciana, así que se levantó y fue a la sala.

Cinta nunca se había enfrentado a una situación así. Era como *madurar*[159] de pronto. Un duro golpe directo a la conciencia.

Cada vez que cerraba los ojos veía a Luciana cayendo al suelo en la *pista*[160] de la discoteca, en medio de la multitud. Los demás gritaban asustados.

– ¡Luciana! ¡Luciana! ¿Qué te pasa? ¡Luciana!

– ¡Venga, tía, no hagas tonterías!

– ¡Está *ardiendo*[161]!

– ¡Llamad a un médico! *¡Socorro*[162]*!*

La música seguía sonando, y la gente les miraba entre *curiosos*[163] y sorprendidos, sonriendo, sin darle ninguna importancia.

Cinta se sentó, agotada. El teléfono estaba a su lado. Solo tenía que marcar un número.

Quizás Luciana ya estaba bien, fuera del coma.

Iba a coger el auricular, pero no lo hizo.

---

158 *sudoroso/a*, que está sudando mucho

159 *madurar*, cuando una persona madura, crece mentalmente y actúa pensando si algo es bueno o malo y sus posibles consecuencias

160 *pista*, espacio preparado para bailar en una discoteca

161 *arder*, si estamos ardiendo, significa que tenemos mucha fiebre

162 *¡socorro!*, expresión para pedir ayuda en una situación de peligro

163 *curioso/a*, que tiene interés por saber algo

36 • 14 horas

– ¿Y si ya está muerta?

– Vamos, Loreto –dijo su padre–. No debemos esperar lo peor...

– Tengo que ir, entendedlo.

– Puede ser un gran esfuerzo–dijo su madre.

– Cogeré un taxi. No me cansaré, de verdad.

– Hablaremos luego, ¿de acuerdo? –dijo su padre–. Ahora debes comer tranquilamente y no pensar en nada.

Loreto miró la comida. Sintió una enorme necesidad de comer.

– Hija, ¿das tú las gracias hoy? –le pidió su madre.

Los tres bajaron la cabeza y unieron sus manos.

– Señor, te damos las gracias por estos alimentos, y te pedimos por todos tus hijos, en especial aquellos que sufren. Y te pido por Luciana. Ayúdala a luchar y a encontrar el camino de vuelta porque sin Ti estará perdida. Te lo pedimos, Señor.

Tras un silencio lleno de emoción, Loreto se sirvió un gran plato de sopa y empezó a comer.

Sus padres intentaron *mantener*[164] la normalidad.

La clave era siempre qué hacía después con lo que había comido.

---

164 *mantener*, seguir teniendo una misma actitud o haciendo algo del mismo modo

37 • 14 horas, 26 minutos

Esther Salas no podía apartar los ojos de su hija.

Según el doctor Pons y las enfermeras, sobre todo, debía hablar a Luciana, ya que quizás podía oírla.

Luciana no estaba muerta. Esther estaba segura de que podía oír.

Fue a cogerla de la mano...

Y entonces Luciana *se arqueó* totalmente hacia arriba, de una forma completamente antinatural, apoyándose solo en la *nuca* y los *talones*, parecía que su *espalda* se iba a romper.

– ¡Luis! –gritó.

Su marido y Norma ya lo habían visto. El hombre salió por la puerta gritando:

– ¡Enfermera! ¡Enfermera!

Varias enfermeras entraron corriendo en la habitación.

– ¡Está en *opistótonos*!

– ¡Rápido!

– ¡*Sujetadla*[165]!

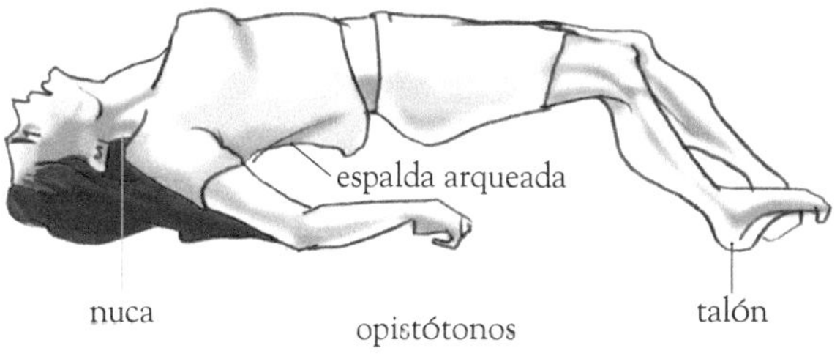

opistótonos

165 *sujetar*, cuando sujetamos a una persona o cosa, la cogemos con las manos u otro objeto y así no se cae o se mueve

El doctor Pons llegó y reaccionó rápidamente. Las enfermeras intentaban estabilizar a Luciana.

Sus padres y su hermana observaron horrorizados la escena.

38 • 14 horas, 27 minutos

Estoy al final de un camino y al principio de otro.

Puedo escoger.

Todos están intentado salvarme, desesperados. No saben que la decisión es mía.

Tengo la paz tan cerca…

Papá, mamá, Norma, Eloy… No quiero verles sufrir por mí.

Quizás debería luchar.

Recuerdo la partida[166] *del último campeonato. ¡Fue genial! No solo fue la victoria, sino cómo la conseguí. Me sentí* orgullosa[167] *de mí misma. Mi rival iba a ganar, pero* resistí[168], paciente[169].

Esa es la clave: luchar, y no rendirse[170] *jamás.*

Esperad… ¡esperad!

Quiero seguir con vosotros.

He vuelto, estoy aquí…

---

166 *partida*, una partida de ajedrez, cartas, etc., significa jugar a ese juego hasta que alguien gana y el juego termina

167 *orgulloso/a*, que te sientes contento contigo mismo porque crees que has hecho algo bien

168 *resistir*, sufrir por algo negativo y hacerle frente con fuerza

169 *paciente*, que sabe esperar con calma en una situación difícil

170 *rendirse*, aceptar que algo o alguien es más fuerte

39 • 14 horas, 38 minutos

Al entrar en la pensión, la mujer de la recepción se levantó rápidamente.

– ¡Poli! ¡Ay, por fin has llegado! –exclamó nerviosa la mujer–. ¡Acaba de llamar una mujer, llorando, gritando que ella no quería, pero que...!

– Espera, espera –dijo él–. ¿Quién ha llamado?

– ¿Qué importa? –casi le gritó ella–. ¡Debes irte cuanto antes! ¡Pueden llegar de un momento a otro!

– ¿Quién?

– ¡La policía! –empujó a Poli hacia la puerta–. ¡Están en camino! ¡Se llama Espina, o Espinosa, no recuerdo bien! ¡Yo te guardaré tus cosas, tranquilo!

Ella tenía razón. No quedaba tiempo para subir a su habitación.

– ¡Mierda, Eulalia, mierda! –exclamó.

– ¡Vete ya! –le dijo en la calle–. ¡Llámame antes de volver! ¡Si digo tu nombre, es que no hay peligro, pero si no lo digo, es que hay problemas!, ¿vale?

– *¡Te debo una!*[171]–le gritó él antes de *echar a correr*[172].

---

171 *¡te debo una!*, expresión para dar las gracias a alguien que ha hecho algo por ti

172 *echar(se) a + infinitivo*, empezar a realizar una acción, por ej. echar a correr, echarse a reír

40 • 14 horas, 40 minutos

Loreto entró en el cuarto de baño. Su madre solía entrar después sin llamar a la puerta, para intentar sorprenderla si vomitaba.

El psiquiatra le había avisado que si continuaba así, pronto estaría muerta. Todo *dependía*[173] de sí misma.

No quería morir, pero todas sus *promesas*[174] desaparecían al acabar de comer. Como en ese instante.

Se llevó los dedos a la boca.

Había comido demasiado. Sería fácil vomitarlo todo en unos segundos, como siempre.

Sin ruido.

Se puso de rodillas delante del *inodoro*. Bajó la cabeza.

Entonces se vio a sí misma, reflejada en el agua clara del inodoro.

No... de pronto ya no se veía a sí misma.

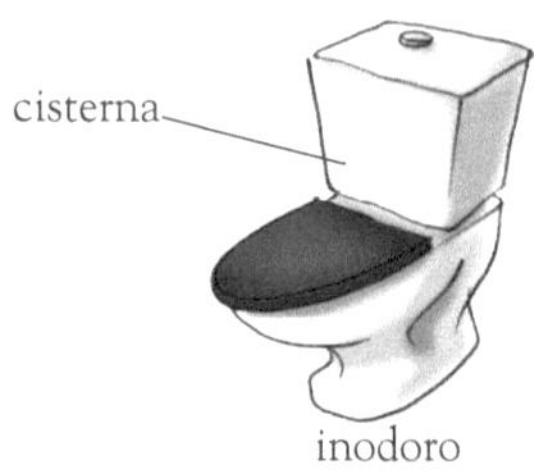

Era Luciana.

---

173 *depender*, producirse algo si otra persona, cosa o acción lo permiten

174 *promesa*, es el sustantivo de prometer; cuando haces una promesa, aseguras que vas a hacer algo, obligándote a ello

Cerró los ojos y los abrió, un par de veces. La imagen de Luciana no desapareció.

Muy despacio, se sacó los dedos de la boca.

Entonces, se vio a sí misma de nuevo.

Se sentó en el suelo, temblando, muy confusa. Era peor que una guerra. Eran dos personas peleándose en su interior.

– ¡Vomita!

– ¡No lo hagas!

Ella... y Luciana.

Tras unos minutos consiguió levantarse y salió del baño a toda prisa.

Lo había conseguido sola.

Por primera vez.

Sola o con la imagen de Luciana, aunque la decisión final era suya, y eso era lo más importante.

Sus padres la miraron, muy preocupados, pero no tuvo que decirles nada. El ruido de la *cisterna*[175] del inodoro no había sonado. Se metió en su habitación temblando, asustada por su éxito.

41 • 14 horas, 45 minutos

Juan Pons entró en la sala de espera. Los padres de Luciana fueron hacia él.

– La hemos estabilizado –informó el médico.

– ¡Oh, Dios mío! –dijo Esther Salas.

– Entonces... –dudó Luis Salas.

– La crisis ha pasado, pero sigue el coma.

---

175 *cisterna*, ver ilustración en página 60

– ¿Son normales este tipo de reacciones? –preguntó Luis Salas.

– No hay una respuesta exacta para esto –dijo el médico con cuidado–. Hacemos lo que podemos, pero a veces, no sabemos contra qué luchamos. Ya le dije que su hija puede despertar en cuarenta y ocho horas, seguir así o...

– Ella es fuerte –aseguró su madre.

– Ignoramos qué puede haber en su mente ahora mismo. Quizás es consciente de algo, y está luchando, o quizás no. Pero probablemente no resistirá otra crisis como esta.

– ¡Oh, no! –tembló ella.

– Tengo que ser *sincero*[176] con ustedes –dijo el médico –. Las próximas horas serán decisivas. Deberían entenderlo y prepararse para lo peor.

– Díganos la verdad –pidió Luis Salas.

– Se la estoy diciendo. Su hija puede morir, y en ese caso debo preguntarles si querrían *donar*[177] sus órganos.

Esther Salas reaccionó enseguida.

– ¡No van a *destrozarla*[178]...! ¡No, no, no! –no quiso escuchar más.

Luis salas bajó los ojos.

– ¿Tenemos que contestarle ahora? –preguntó triste.

– ¡Luis! –exclamó su mujer rota de dolor.

– No, claro que no –dijo Juan Pons–. La urgencia es siempre para las personas que esperan vivir con los órganos de las que se van. Siento haber parecido...

---

176 *sincero/a*, persona que cuando habla o actúa lo hace con la verdad

177 *donar*, dar un órgano una persona viva o muerta, a otra persona que lo necesita de forma gratuita

178 *destrozar*, romper o separar algo en partes de manera violenta

Era su trabajo, pero aquella situación siempre resultaba muy difícil.

42 • 14 horas, 50 minutos

Mariano Zapata había estado esperando el momento *adecuado*[179].

Después de la crisis, solo estaba Norma con su hermana.

No esperó más. El secreto del éxito periodístico era *arriesgarse*[180] siempre.

Metió la cabeza por la puerta de la habitación de Luciana.

– ¿Norma?

– ¿Sí?

Pareció asustarse. Estaba observando con atención a Luciana.

– Tus padres te llaman, creo que quieren preguntarte algo –le dijo.

– ¿Dónde están?

– En la sala de espera, al final del pasillo. Creo que el médico está con ellos.

– ¡Oh, no! –dijo asustada Norma.

– Seguro que no es nada grave.

– Gracias.

Norma salió de la habitación a toda prisa.

---

179 *adecuado/a*, apropiado, correcto

180 *arriesgar(se)*, hacer algo sabiendo que puede haber un daño o peligro

Mariano Zapata sacó rápidamente la pequeña cámara de un bolsillo y entró en la habitación.

Hizo tres fotografías rápidas. La primera desde la puerta, las otras dos de cerca, muy de cerca.

Salió justo a tiempo. Una enfermera iba hacia la habitación y lo vio.

– ¡Eh, oiga! –le llamó la mujer, sorprendida.

Pero Mariano Zapata no se detuvo.

Tenía todo lo que necesitaba.

43 • 15 horas

Eloy se sintió cansado y triste. Su búsqueda era un *fracaso*[181].

Raúl podía estar en cualquier parte.

Entró en una cafetería. Necesitaba descansar unos minutos, aunque sabía que si se detenía un solo segundo, y pensaba en Luciana, sería peor.

– Un café, por favor.

– ¡Enseguida!

Entonces otro cliente en la barra llamó al camarero:

– Paco, ponme otra.

De pronto Eloy recordó algo. Ana y Paco. Ellos también estaban allí. Sabía dónde vivían, y eran amigos de Raúl.

Eran su última oportunidad.

---

181 *fracaso*, es lo contrario de éxito

44 • 15 horas, 18 minutos

La pensión Costa Roja era tanto o más *ruinosa*[182] que la pensión Ágata.

Al entrar en la recepción, Vicente Espinós vio a una mujer enorme vestida con una camiseta roja muy ajustada.

La mujer lo miró con precaución.

– Inspector Espinós –le mostró su identificación–. ¿Está Policarpo García?

– No, no está.

– ¿Cómo se llama usted?

– Eulalia Rodríguez Espartero, para servirle.

– Muy bien, Eulalia, ya que me quiere servir, hágalo. ¿Dónde ha ido?

– No lo sé. Ahí está su llave, ¿ve? La número 9.

– ¿Volverá?

– Tampoco lo sé. A veces está un par de noches fuera.

– ¿Cuándo lo vio por última vez?

– Ayer a mediodía. No ha pasado la noche aquí.

Vicente Espinós cogió la llave.

– No le importará si subo a su habitación, ¿verdad?

– ¡Oh, no, claro...! Encantada de ayudar. Puede subir, pero, por favor...

– Tranquila. No tocaré nada.

Subió hasta la habitación 9 y abrió la puerta.

---

182 *ruinoso/a*, que está en muy mal estado

Solo había un poco de ropa y algunos objetos personales. No había pastillas por ninguna parte. El Mosca las *llevaba encima*[183].

Abrió los *cajones* de la *mesita de noche*. En esta última encontró una *lista*[184] escrita a máquina.

mesita de noche

Discotecas, bares, after hours, clubes privados, con fechas, anotaciones y algunas marcas.

Junto a casi todos los nombres escritos había números. Era el número de pastillas vendidas en cada local. Las otras anotaciones se referían a días de la semana. Se fijó en cinco locales: Calígula Ciego, Popes, La Mirinda, El Peñón de Gabriltar y Marcha Atrás. Escrito a mano junto a todos ellos leyó: «sábado».

Podía ser este sábado, o quizás otro.

---

183 *llevar encima*, se refiere a las cosas que una persona lleva con ella

184 *lista*, nombres de personas o cosas escritos uno debajo de otro en un papel

Junto al nombre de Pandora's la palabra escrita era: «viernes», y aparecía escrito junto a otros tres locales.

Podía ser algún *indicio*[185] o no. Dependía del Mosca. Sacó un bolígrafo de la chaqueta y una *libreta*[186], y anotó los nombres de los locales junto a los que se leía viernes y sábado.

Dejó la lista tal y como la había encontrado y salió de la habitación.

45 • 15 horas, 42 minutos

Máximo salió de su habitación tras ducharse y cambiarse de ropa. Necesitaba salir de casa.

– Vaya, ¿ya vuelves a irte? –preguntó su padre saliendo de la sala.

– Voy a salir un rato –dijo–, pero volveré temprano.

– ¿A qué llamas tú temprano?

Su madre salió de la cocina.

– Temprano –repitió él–. Esta noche no voy a salir.

– ¿Pero vendrás a cenar? –preguntó su madre.

– No lo sé. Llegaré a las diez o las doce.

O las dos o las tres. Eso también es temprano para vosotros –dijo su padre.

Ya no tenía fuerzas para discutir más.

– Voy a ver a Loreto –dijo para evitar más discusiones.

---

185 *indicio*, cosa o señal que hace posible conocer algo que no sabemos si ha ocurrido o va a ocurrir

186 *libreta*, cuaderno pequeño para escribir anotaciones, cuentas, etc.

– ¿La chica que tiene *bulimia*[187]? –se interesó su madre.
– Sí.
– Estáis todos locos –protestó su padre volviendo a la sala.
– Dale recuerdos a esa chica, y *anímala*[188] –dijo su madre.

Salió de casa sintiéndose libre. Al llegar a la calle, no sabía qué hacer.

Entonces pensó en ir a casa de Cinta. Al menos era un lugar seguro y tranquilo.

46 • 15 horas, 53 minutos

Santi abrió los ojos.

Había un profundo silencio en casa de Cinta.

Se quedó tumbado unos segundos en la cama vacía. No podía dejar de pensar en Luciana, así que se levantó.

Fue a la sala. Cinta estaba sentada en un sillón, abrazada a sus piernas desnudas, con la mirada perdida.

Quería tocarla.

Pero no lo hizo.

Cinta sabía que él estaba allí, pero no se movió. Santi sintió una culpa muy grande. La misma que sentía ella.

No dijo nada. Se sentó en el otro sillón. Y dejó perdida su mirada en la pared.

Solo podían esperar.

---

187 *bulimia*, enfermedad en la que una persona tiene un enorme deseo de comer, que es difícil de satisfacer; el enfermo se siente culpable por haber comido demasiado y entonces vomita para no ganar peso
188 *animar*, dar a alguien energía, fuerza moral, ánimo

47 • 16 horas, 3 minutos

Luis Salas le cogió una mano a su mujer. Ella no apartaba la mirada de Luciana.

– Esther –dijo en voz baja–. Tenemos que hablar.

– ¿De qué?

– De todo esto.

– No.

– Creo que sí. Tenemos que decidir algo.

– No –repitió ella más segura.

– Debemos *confiar*[189], esperar, y estaremos con ella días, o semanas, o meses –no quiso decir la palabra «años»–. Pero el doctor tiene razón. Si se produce lo peor...

– No la destrozarán. Es mi hija.

– Querida...

– ¡Está viva! No quiero oír hablar de eso.

– Vamos, por favor, cálmate.

– Tú estás de acuerdo, ¿verdad? –dijo ella apartando su mano.

– Sí –dijo agotado, pero seguro.

– ¿Por qué?

– Porque es mi hija. Y porque si ella muere, me gustaría pensar que sigue viva en otras personas, quizás otras chicas como ella.

Esther Salas se quedó en silencio unos segundos, sus ojos fijos en Luciana.

– ¿Y si nos está oyendo? –dijo ella en voz baja.

– Sabe que estamos aquí.

---

189 *confiar*, estar tranquilo y seguro porque crees que una cosa ocurrirá o una persona actuará de la forma correcta

– Sí, pero ¿y si nos está oyendo?

– Luciana siempre ha sido una gran chica, *tiene un corazón de oro*[190]. Todo el mundo lo sabe.

Esther Salas comprendió que su marido tenía razón.

48 • 16 horas, 5 minutos

Os oigo.

No necesitáis hablar. Puedo escuchar vuestros pensamientos. Y no me duelen. Tampoco me hacen sentir alegría. Aquí puedo razonar[191] *libremente. Sin embargo, sí me importa vuestro dolor, pero deberíais saber que estoy bien.*

Y si abandono mi cuerpo al final del camino... por supuesto, ¿para qué necesitaré ya mi corazón o mis ojos?

Solo querría tener un instante final para deciros que os quiero, aunque vosotros ya lo sabéis, y para decírselo a Eloy, porque quizás cree que ya no es así.

Aunque ese instante bastará para sentir el dolor que no siento ahora.

No me gusta el dolor.

Quizás por ello no quiero volver.

Pasa el tiempo y la partida está llegando a su fin. Cuidado.

Mi rival es la muerte, y juega a ganar.

---

190 *tener un corazón de oro*, ser muy buena persona

191 *razonar*, pensar ordenando y relacionando de forma lógica ideas o razones

49 • 16 horas, 17 minutos

Tuvo que llamar a la puerta varias veces hasta que consiguió despertarlos.

– ¡Ya va! ¡Ya va! –dijo una voz.

Le abrió Ana. Iba medio desnuda. Paco y ella eran dos locos que ya lo habían probado todo en la vida. Solo vivían para la noche, para pasarlo bien.

– ¿Eloy? –preguntó todavía dormida–. ¿Qué haces aquí?

– Tengo que hablar con vosotros.

– *¡Jo!*[192] ¿Estás loco? ¿Qué hora es?

Eloy entró en el caótico apartamento. Ana le siguió sin entender qué pasaba.

– ¡Paco! –llamó Eloy.

– ¡No grites! –exclamó Ana.

Entró en el dormitorio. Paco estaba durmiendo.

– Vamos, Paco, despierta –dijo Eloy enfadado cogiéndole de un brazo con fuerza.

Paco finalmente abrió los ojos. Los miró confuso.

– ¡Luciana está en coma!, ¿vale? –les gritó de pronto–. Decidme si tenéis alguna pastilla como la que ella se tomó anoche.

– ¿Qué? –dijo Paco.

– ¡Luciana está en coma! –gritó más fuerte Eloy–. ¡Se tomó una mierda y le sentó mal! ¡La misma que os tomasteis vosotros y los demás! ¿Lo entendéis ahora?

Lo entendían, pero muy despacio.

– ¿Tenéis una pastilla de esas?

– No –dijo Ana.

---

192 *¡jo!*, expresión coloquial para indicar protesta, enfado, sorpresa, etc.

– No... No hay ningún problema en comprarla después, en cualquier local.

– ¿Dónde puedo encontrar a Raúl?

– ¿Para qué...?

– Porque él las consiguió. Me lo dijo Máximo. Venga, ¿dónde puede estar a esta hora un sábado por la tarde?

– Raúl... –continuó Paco lentamente.

– ¡Vamos, joder! –le empujó Eloy.

– *¡Déjale en paz*[193]*!* –le defendió Ana–. ¡Nos dijo que iba a una fiesta *privada*[194]!

– ¿Dónde está esa privada?

– ¡En una *nave* abandonada, cerca de las viejas fábricas, al lado de la estación! ¡Y no grites más, coño!

– ¿Cómo la reconozco? ¡Ahí hay varias fábricas!

– ¡Tiene el *techo*[195] *plano*, y un *rótulo* en rojo en la puerta! –dijo Paco.

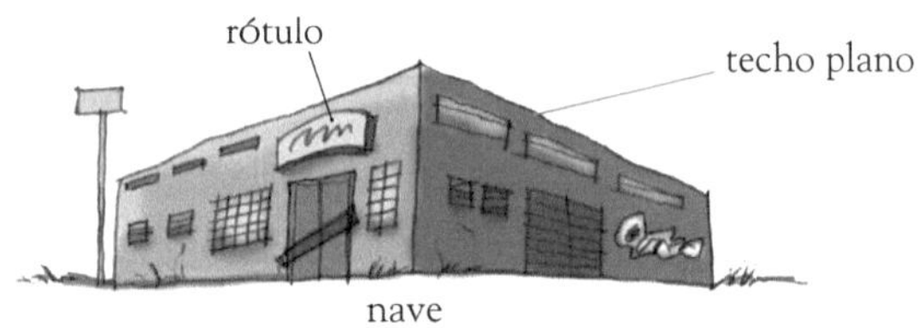

Era suficiente. Fue hacia la puerta rápidamente. Iba a salir cuando oyó a Ana.

– ¿Es... grave?

---

193 *dejar en paz*, dejar a alguien tranquilo, no molestarle
194 *privado/a*, que es para un grupo pequeño de personas
195 *techo*, parte superior de un edificio o habitación

– Ya os lo he dicho: está en coma. Tuvo un golpe de calor.

Ana cerró los ojos.

Y Eloy se marchó sin esperar más.

50 • 16 horas, 42 minutos

Loreto abrió el portal y salió a la calle. Sabía que sus padres estarían mirándola desde la ventana, así que no levantó la cabeza.

Iba caminando hacia la avenida, cuando las vio pasar.

Eran dos mujeres muy gordas. Una tendría cincuenta años, y la otra, era mucho más joven. Iban por la calle comiéndose un estupendo helado. Reían, felices, sin importarles la gente que las miraba por la calle.

Ella, con solo un par de kilos de más, había empezado sus *regímenes*[196] a los trece años, y ese fue el principio del fin.

Pero no podía pensar ahora en eso.

Ahora solo importaba Luciana.

Tenía que verla.

Levantó una mano y llamó al primer taxi libre.

Se metió en él y miró a la ventana de su casa. Sus padres la seguían observando con atención, como hacían a cada momento *fingiendo*[197] no hacerlo desde que su terrible final parecía cada vez más cerca.

---

196 *régimen*, cuando una persona hace un régimen, sigue unas reglas que indican qué alimentos puede comer y en qué cantidad para cuidar su salud o para quedarse más delgado

197 *fingir*, hacer ver que algo es verdad, cuando no lo es

51 • 16 horas, 49 minutos

Máximo llamó al *portero automático*[198].

– ¿Sí? –se oyó la voz de Cinta.

– Soy yo, abre.

– ¡Jo, tío, nos has asustado! –exclamó Cinta abriendo la puerta desde arriba.

Subió al piso. La puerta estaba abierta y entró. Santi apareció en el pasillo.

– ¿Y Cinta?

– Vistiéndose.

– ¿Creíais que eran sus padres?

– Ellos tienen llave, pero como no esperaba a nadie... ¿Sabes algo?

– No, nada. He estado en casa. ¿Y vosotros?

– Tampoco sabemos nada.

Cinta salió de su habitación.

– ¿Sabes algo? –repitió ella.

– No, he estado en casa, y no he querido llamar al hospital para no tener que explicarles nada a mis padres.

– Claro.

– ¿Habéis dormido?

– Santi, un poco, aunque no sé cómo ha podido –dijo Cinta.

– Yo es que estoy como... –Máximo no pudo explicar cómo se sentía.

– Como nosotros –terminó Santi.

– ¿Qué hacemos? –preguntó Máximo.

---

198 *portero automático*, aparato para abrir la puerta principal de un edificio desde el interior de cada piso

Estaban en la sala. Los tres se miraron el uno al otro, pero no hubo respuesta.

52 • 16 horas, 52 minutos

Vicente Espinós llamó al hospital desde la *comisaría*[199].

– ¿Hospital Clínico? –dijo una voz.

– Inspector Espinós. Con el doctor Pons, por favor.

– El doctor Pons ha salido ya, señor.

– Pues con alguien del equipo médico de Luciana Salas.

– ¿Luciana Salas? Un momento, por favor.

Tras unos segundos le contestó una voz femenina.

– Soy el inspector Espinós. Llamaba para saber el estado de Luciana Salas.

– Sigue igual, señor inspector, aunque casi la perdemos hace un rato. Ahora está estabilizada.

– Gracias –dijo el inspector más tranquilo.

Colgó y miró su libreta. Leyó de nuevo los nombres que había anotado en la habitación del Mosca.

– ¡Roca! –llamó de pronto.

Lorenzo Roca apareció ante él. Era un buen policía.

– Mírame dónde están esos cinco locales, hazme el favor –le pidió.

– Enseguida, jefe.

El inspector pensó en la búsqueda de Policarpo García durante el día. La tarde estaba acabando. Era la hora de moverse.

Lorenzo Roca volvió a aparecer tras un corto tiempo.

---

199 *comisaría*, oficina donde trabaja la policía

– Vea, jefe –dijo Roca *señalando*[200] cada uno de los locales en el mapa de la ciudad.

No estaban lejos unos de otros. Se podía ir a todos ellos en una noche.

Todo dependía del Mosca.

– ¿Puedes *averiguar*[201] algo más sobre ellos? Horarios, clase de público, etc.

– Sí, claro –Roca ya se iba.

– Espera. Antes da aviso de búsqueda de Policarpo García, *alias*[202] el Mosca, y envía un coche para *vigilar*[203] la pensión Costa Roja, por si aparece por su habitación.

– ¿Algo más?

– No. Tráeme esos datos cuanto antes.

53 • 17 horas, 11 minutos

La música *mákina*, el *bakalao*[204] puro, sonaban a todo volumen en el local.

Sin embargo, Eloy se sintió cerca de su objetivo. Era el lugar ideal para el loco de Raúl.

---

200 *señalar*, mostrar, indicar

201 *averiguar*, buscar datos o información hasta encontrar la verdad de una cosa, persona, etc.

202 *alias*, significa apodo, nombre que dan a una persona por alguna característica de su cuerpo u otra razón, y que usan en lugar de su nombre propio

203 *vigilar*, observar a una persona o cosa con atención para saber qué hace

204 *mákina* y *bakalao*, son estilos de música que se bailan en discotecas, tienen un ritmo rápido, repetitivo y agresivo

Eloy intentó seguir un plan, hacer una búsqueda en la enorme nave abandonada de forma *rigurosa*[205], así Raúl no *se* le *escaparía*[206].

Subió unas escaleras hasta un primer piso. De allí salía una *plataforma*[207] de metal a lo largo de la pared. Un lugar perfecto para observar la gran pista de baile.

Raúl era un loco del baile, un loco de la mákina. Vivía por y para el fin de semana. Eso y las pastillas.

Pasó los siguientes tres minutos observando la pista con atención hasta que empezaron a dolerle los ojos.

De pronto vio a Raúl.

Estaba casi en el centro de la pista, bailando como un loco.

Eloy se fijó en donde estaba y fue hacia él.

54 • 17 horas, 13 minutos

Santi, Cinta y Máximo permanecían en silencio en la sala.

– Nosotros lo hicimos –dijo Cinta de pronto.

Santi y Máximo se miraron el uno al otro.

– Si muere, la habremos matado nosotros –continuó Cinta.

– No es cierto –dijo Máximo.

– Sí lo es –dijo Cinta con voz dura.

205 *riguroso/a*, exacto, preciso
206 *escapar(se)*, salir deprisa de un lugar, salir de un peligro
207 *plataforma*, lugar plano y elevado sobre el suelo

– Te podía haber pasado a ti –le dijo Santi–, o a mí, o a Máximo. Luciana tuvo mala suerte. Esas cosas pasan.

– ¿Qué excusa es esa?

Ninguno de los dos le contestó.

– ¿Queréis responderme?

– ¿Qué vamos a hacer entonces, no salir de casa? –dijo Máximo.

– Hacemos cosas, y nos arriesgamos, eso es todo –dijo Santi.

– Así que tenemos que olvidarlo y pensar que ha sido un accidente.

– Ha sido un accidente –afirmó Santi.

– Y todos nos sentimos mal por él –le apoyó Máximo–, pero no sirve de nada *castigarnos*[208] nosotros mismos.

– Todos tomamos una pastilla, ¿vale?

– Ella no quería tomarla –dijo Cinta.

– Pero la tomó, y no la obligamos –dijo Santi.

– ¡Casi se la pusimos en la boca!, ¿lo has olvidado? –casi gritó la chica.

– El que lo hizo todo fue Raúl.

– No, Máximo –dijo Cinta –. Fuiste tú.

– ¡Sí, claro! –protesto él.

– Tú fuiste a buscar a Raúl, y luego Raúl trajo al camello, y después me decidí yo, lo sé, ¡yo!, ahora las excusas no valen. Todos estábamos allí, y todos somos responsables.

– Vamos, cálmate –le pidió Santi yendo hacia ella.

---

208 *castigar(se)*, causar dolor moral o físico a alguien porque ha hecho algo mal

– Estoy muy calmada –dijo Cinta mientras se apartaba de él.

Pero los dos sabían que no era así. Cinta tenía razón.

55 • 17 horas, 15 minutos

Eloy cogió del brazo a Raúl. El chico se volvió, pero sin dejar de bailar.

Lo reconoció.

– ¡Eloy!

Y se le echó encima, abrazándolo.

– ¡Eh! ¡Qué sorpresa! ¿Qué haces aquí? ¿Están todos? ¡Qué bien, tío!

Estaba muy *colocado*[209], muchísimo.

Intentó sacarlo de allí, pero él se dio cuenta.

– ¡Eloy, tío! ¿Qué haces? ¿Adónde...?

– Vamos fuera.

– Pero...

– ¡Fuera!

Raúl continuó riéndose y bailando. *Se abrieron paso*[210] entre la multitud de cuerpos sudorosos hasta que llegaron a la puerta y salieron fuera.

Eloy anduvo varios metros y se detuvo en una zona donde no había nadie cerca. Entonces empujó a Raúl contra la pared.

– ¡Eh, me has hecho daño! –protestó el chico aún riendo.

---

209 *estar colocado/a*, estar bajo los efectos de las drogras

210 *abrir(se) paso*, quitar los obstáculos que encuentras para poder pasar por un lugar

– ¿Tienes una pastilla como las que tomasteis anoche?

– ¿Para eso me sacas fuera? ¡Venga, hombre!

– ¿La tienes? –gritó Eloy.

– ¡No! –Raúl dejó de reír, aunque seguía muy colocado –. ¿Pero qué te pasa?

– Luciana está en un hospital, en coma.

– ¿Qué?

– ¡Luciana está en coma en un hospital, por la mierda que os tomasteis anoche!

– Jo... joder, tío.

– Raúl, esto es serio. Necesito una de esas pastillas. Podría ayudar a Luciana.

– ¿Ayudarla? ¿Cómo?

– ¡No lo sé! ¡Los médicos no saben de qué estaba hecha! Quizás...

– ¡Dios mío, Luciana...! –dijo Raúl.

Eloy apartó sus ojos de él. Había deseado romperle la cara, hacerle sentir toda su rabia.

Ahora ya no sentía nada.

Entonces oyó a Raúl:

– Oye, sé... dónde está ese tío, el camello. Él sí tiene pastillas de esas. Un *montón*[211].

Eloy volvió a mirarle.

---

211 *montón*, número grande de algo, por ej. un montón de pastillas = muchas pastillas (coloquial)

56 • 17 horas, 39 minutos

Santi intentaba calmar a Cinta, sin mucho éxito.

– ¡Por favor, Cinta, te van a oír todos los vecinos y vas a tener un lío!

– ¡No puede pasarse el resto de la vida así, en una cama! ¡No lo resistiré! ¡Quizás ya se ha muerto!

– ¡Cinta!

– Dale algo, tú –pidió Máximo.

– ¡Sí, hombre! –protestó Santi–. ¿Te crees que sé dónde está todo aquí?

– ¡Si me tocáis, grito! –exclamó Cinta.

– Si lo sé no vengo –protestó Máximo.

– ¡*Cobarde*[212]! –le gritó Cinta–. ¿Vas a pasarte el resto de la vida ignorando esto, fingiendo que no ha pasado nada? ¡Pues ha pasado!

– ¡Yo no digo eso, solo digo que así no solucionamos nada!

– ¡Cállate! –*ordenó*[213] ella.

– Deberíamos llamar al hospital –dijo Santi–. Seguro que ya está bien y nosotros aquí...

– ¡Mierda! –exclamó Cinta–. ¿Por qué lo hicimos? ¿Por qué...?

De pronto sonó el teléfono.

Se miraron entre sí, asustados. Sonó una vez, dos, tres.

– Serán tus padres... –dijo Santi, indicando que no podía cogerlo él.

---

212 *cobarde*, persona que actúa con miedo o no tiene valor en situaciones difíciles o peligrosas; es lo contrario de valiente

213 *ordenar*, aquí significa mandar, decirle a alguien que haga algo

– No lo cojas –dijo Máximo–. Así parecerá que no hay nadie.

– Es del hospital –dijo Cinta.

El teléfono no dejaba de sonar.

Finalmente Cinta cogió el auricular.

– ¿Sí? –dijo débilmente.

– ¿Cinta? ¡*Maldita sea*[214], creí que no estabais!

– ¿Eloy?

Los otros dos se le acercaron.

– Oye, ¿están contigo Santi y Máximo?

– Sí.

– ¡Bien! –gritó Eloy–. Escucha, os necesito, y rápido. ¡Sé dónde encontrar al tío que os vendió anoche las pastillas! ¡Necesitamos una!, ¿vale? Hay que intentarlo, por Luciana. Pero yo no puedo ir solo, tenemos que ir todos.

Cinta miró a los otros dos. Por fin todos tenían algo que hacer.

– ¿Dónde estás? –preguntó ella.

57 • 17 horas, 41 minutos

Loreto entró en la habitación de su amiga. Ver a Luciana en aquel estado fue un golpe terrible.

– ¡Oh, Loreto! –exclamó Esther Salas al verla.

Los padres de Luciana la abrazaron y la besaron, pero no sintió nada. Loreto hablaba con ellos casi sin darse cuenta, solo podía mirar a su amiga.

214 *¡maldita sea!*, expresión para indicar enfado (coloquial)

Después, Norma y sus padres se fueron de la habitación, ya que si seguían allí, acabarían todos llorando de nuevo.

Loreto se quedó sola con el cuerpo de su amiga.

Se sentó junto a la cama y cogió la mano de Luciana con *ternura*[215].

– Luciana... –dijo en voz baja–. Por favor, no te vayas. No me dejes sola ahora.

Esperó unos segundos. Luciana estaba tan quieta que le daba miedo.

Sin ti no lo conseguiré, ¿sabes? –Loreto cerró los ojos y continuó–. Hoy no he vomitado. Lo he hecho por ti, créeme. Pero ahora no voy a poder seguir si te vas. Hagamos un *pacto*[216], ¿vale? Yo comeré, no me importa *estallar*[217] o *convertirme*[218] en la mujer más gorda del mundo, y no volveré a vomitar, pero tú tienes que seguir viviendo para estar a mi lado... Luciana, ¿me oyes? No te mueras, ¡vuelve!

58 • 17 horas, 44 minutos

Loreto, claro que te escucho.

Os oigo y os veo a todos, pero parece que hay una distancia de millones de kilómetros. Sin embargo, los sentimientos están cerca. Cada voz, cada caricia, cada mirada, me llena

---

215 *ternura*, cariño, afecto, amor

216 *pacto*, acuerdo, decisión que toman en común dos o más personas, y que les obliga a cumplir alguna cosa

217 *estallar*, explotar, abrirse o romperse algo por efecto de la presión

218 *convertirse*, transformarse, cambiar una persona o cosa en algo diferente de lo que era

de ternura. Creo que esa ternura me mantiene a este lado del camino, mientras la paz me llama al otro.

No has vomitado. ¡Es una gran noticia! Un primer paso importante. ¡Ánimo! Esta noche tampoco vas a vomitar, ¿vale? Esta noche darás el segundo. Por mí, pero también por ti, no importa la razón: eso es que quieres salir adelante[219], *y vivir.*

Loreto, no dejes mi mano.

¿Me escuchas? Sí, sé que lo haces, hemos abierto una puerta.

¿Y Eloy? ¿Sabes dónde está Eloy?

Loreto…

59 • 18 horas

Poli García entró en el bar y se sentó, cansado, en una mesa. El único camarero era Victorino.

Pidió una cerveza. El camarero se la dejó sobre la mesa junto a un *ticket*[220] con el nombre del local: Bar Restaurante La Perla. Victorino desapareció unos segundos por la puerta de atrás, y volvió enseguida.

Alejandro Castro apareció por la misma puerta y le hizo un gesto. Parecía enfadado.

---

219 *salir adelante*, vencer algo muy difícil o peligroso

220 *ticket*, papel pequeño que te dan cuando compras algo, por ej. en una tienda, con la información de lo que has comprado, y de esa tienda

Poli se levantó y siguió al *dueño*[221] del bar hasta su despacho. Castro se sentó detrás de su mesa. Poli cerró la puerta y se sentó en una silla frente a él.

– ¿Qué estás haciendo aquí? –le dijo el hombre con voz dura.

A Poli no le gustó su tono.

– Esa cría está en coma –le dijo.

– ¿Y qué? –dijo Castro.

– ¿Sabes lo que eso significa? –dijo Poli nervioso–. ¡Va a haber un buen lío por su culpa!

– Oye, tú, tranquilo –dijo Castro–. Cada día mueren drogatas, y muchos jóvenes sufren *comas etílicos*[222] o golpes de calor. Y no pasa nada.

– ¡Esto es diferente!

– No grites, Poli.

– Esto es diferente –repitió Poli–. Tendría quince o diecisiete años. Va a salir en todos los periódicos, y la policía ¡ya me está buscando!

– ¿Cómo que te están buscando?

– He ido a mi pensión y la dueña me ha dicho que uno que conozco, Vicente Espinós, andaba tras de mí.

– Será una casualidad.

¡No es una casualidad!

– Te han detenido otras veces por camello, así que...

– Mira, yo me marcho. He venido a devolverte las pastillas y a pagarte.

---

221 *dueño/a*, persona que tiene algo, por ej. un coche, una tienda, una casa, etc.

222 *coma etílico*, coma producido por tomar demasiado alcohol

Sacó un montón de billetes de un bolsillo, y un paquete pequeño del otro. Lo puso todo sobre la mesa. Alejandro Castro cogió el dinero. No tocó el paquete.

– Recógelo y sal a vender –ordenó–. ¡Joder, Poli! No me digas tonterías.

– ¡No puedo!

– Poli, me estoy hartando de ti. Yo también tengo mis problemas, y mis obligaciones con otros porque esto es una cadena, ¿sabes? No puedo parar el *negocio*[223] ni cerrar solo por esa cría. Si tienes miedo, véndelo todo esta noche, y mañana desapareces unos días. ¿Lo has entendido?

– Esto no me gusta nada –protestó.

– Las dos piernas rotas o tu *cadáver*[224] seguro que no te gustan nada –le aclaró Alejandro Castro.

Poli recogió el paquete y se lo guardó de nuevo en el bolsillo.

– Si me cogen... –dijo Poli.

– Si te cogen, sabes que te mandamos un *abogado*[225]. Pero si no llevas encima una pastilla igual a la que tomó, no podrán hacerte nada. Por eso tienes que acabar hoy con la mercancía que te queda. Yo tengo quince kilos aquí, cincuenta mil pastillas. Y no voy a tirarlas. Así que tranquilo, ¿eh?

Poli se levantó.

Estaba de todo menos tranquilo.

---

223 *negocio*, actividad con la que se gana dinero

224 *cadáver*, cuerpo muerto

225 *abogado/a*, persona autorizada para representar o defender a alguien en asuntos jurídicos

60 • 18 horas, 21 minutos

Mariano Zapata entró en el despacho con una gran sonrisa y puso sobre la mesa la fotografía de Luciana.

– ¡Coño! –exclamó Gaspar Valls, sorprendido.

– ¿Es de portada o no? –le preguntó Mariano Zapata.

– ¿Tienes el permiso de los padres?

– No.

– Entonces, ¿nos arriesgamos?

– Claro. Esto es una *bomba*[226]. Saldrá en toda España, y en el extranjero, ¡seguro!

– ¿Ella sigue en coma?

– Sí.

– ¿Seguro?

– Bueno, estaba en coma cuando le hice las fotografías.

– Tienes que asegurarte.

– ¿Por qué? ¿Qué importa si ha salido del coma o no?

– Vamos, Mariano, es una cuestión de *ética*[227]. Aquí aún tenemos un poco de eso. Si esa chica mañana está bien y ponemos esa foto en portada diciendo que está así... tendremos un problema. Si se pone bien, lo publicamos igual, pero dentro. La noticia sería diferente.

– No veo la diferencia –dijo el periodista.

---

226 *bomba*, noticia inesperada que produce una gran impresión

227 *ética*, reglas morales que regulan los actos de las personas con respecto al bien y al mal

– No seas *bestia*[228], hombre –contestó Gaspar–. Sabes perfectamente lo que vende y lo que puede ir en portada y lo que no.

– ¿Y si muere?

– Entonces es una gran *exclusiva*[229] –dijo Gaspar–. Pero no se va a morir solo para tener esa exclusiva y una portada, ¿verdad?

– No, claro. Era una pregunta, nada más.

Gaspar Valls pareció dudar de sus palabras.

– Tú llama al hospital antes, en el último minuto, y así nos aseguramos.

– De acuerdo.

Mariano ya se iba a marchar. Gaspar lo detuvo.

– ¡Eh!, llévate eso –le dio la fotografía–. Quiero dormir esta noche.

– *Impresiona*[230], ¿verdad?

– Sí, mucho–respondió Gaspar–. Y si tienes hijos, impresiona más.

– Tener hijos, ¿para esto? –dijo solo Mariano–. Hasta luego.

Salió por la puerta deprisa.

Gaspar Valls se quedó mirando la puerta, pensativo.

---

228 *bestia*, persona poco inteligente y sin educación

229 *exclusiva*, noticia publicada por un solo medio informativo, que tiene los derechos para su difusión

230 *impresionar*, producir en alguien una fuerte emoción de sorpresa o miedo

61 • 18 horas, 23 minutos

Eloy llamó al hospital desde una cabina. Mientras tanto, no apartaba los ojos del lugar donde había quedado con Cinta, Santi y Máximo por si aparecían.

– Hospital Clínico, ¿dígame?

– La familia de Luciana Salas, por favor. No sé si sigue en la *UCI*[231] o está ya en una habitación...

– Espere, por favor.

Esperó, unos largos segundos. De pronto escuchó la voz de Norma.

– ¿Sí?

– Soy Eloy –cerró los ojos, nervioso.

No tuvo que preguntar nada.

– Sigue igual.

– ¡Ah!

– ¿Dónde estás?

– No te lo creerías.

– ¿Por qué?

– Ando detrás del tío que les vendió esas malditas pastillas.

– ¿Qué?

– No importa. Supongo que es solo una forma de hacer algo, aunque...

– Eres increíble.

– Quiero mucho a tu hermana, díselo.

– Lo haré, tranquilo.

231 *UCI*, significa Unidad de Cuidados Intensivos, sección de un hospital con aparatos y personal muy especializados donde tratan a los enfermos muy graves que necesitan atención continuada

El dinero se estaba acabando. Y ya no tenía más que decir.

– Esto se va a cortar, adiós.

– Adiós, Eloy.

62 • 18 horas, 24 minutos

El taxi se paró en un semáforo. Los tres amigos estaban en silencio.

– Eloy es increíble –dijo Cinta de pronto.

– ¿Por qué? –preguntó Santi.

– Sale furioso del hospital esta mañana, con Luciana medio muerta, y se va a buscar al tío que anoche...

– Pero tiene razón –dijo Máximo–. Si conseguimos una pastilla de esas...

– A mí me da bastante miedo –respondió Cinta.

– ¿Miedo?

– Yo estoy en coma, y tú te encuentras con el tío que me ha dado eso. ¿Qué haces, le dices que necesitas otra pastilla para ver si así me salvas o le rompes la cara?

– Si Eloy consigue la pastilla primero y puede mantener la calma, después... –dijo Máximo.

– ¡Eh!, no somos *héroes*[232] de cómic –dijo Cinta.

– ¿Has visto cómo ha reaccionado Eloy esta mañana con nosotros? –dijo Máximo–. ¿Te imaginas con ese camello?

– Esas personas son peligrosas –dijo Santi.

– ¿Ese? No era más que un cerdo –dijo Máximo.

---

232 *héroe/heroína*, persona muy valiente que hace actos admirables

– ¿Y si lleva un *arma*[233]?

– Oye –Máximo miró a Cinta–, ¿te crees que esto es *Nueva York*[234] o qué?

– Bueno, nosotros somos cuatro –añadió Santi.

– Me sigue dando miedo Eloy. *Está loco por*[235] Luciana.

Se quedaron pensativos, en silencio.

63 • 18 horas, 24 minutos

Eloy estaba esperando a los otros tres. Había quedado con ellos cerca del Popes.

¿Habría sido mejor ir solo?

No, qué tontería. Él no conocía al camello, y Máximo sí. Y además quería tener delante a aquel cerdo, que era el culpable del estado de Luciana.

¿Qué haría al verlo?

Anduvo nervioso por la esquina. Se sentía muy confuso.

De acuerdo, encontrarían a ese cabrón, compraría una pastilla, se aguantaría su rabia, sus deseos de *vengarse*[236], y luego irían al hospital y llamarían a la policía. Por ese orden. Existía la ley.

Aunque nada, ni siquiera esa ley, podría ayudar a Luciana a volver a la vida.

---

233 *arma*, objeto usado para atacar a alguien o defenderte

234 *Nueva York*, nombre en español de la ciudad de Estados Unidos, New York en inglés

235 *estar loco/a por*, sentir gran amor por alguien, estar muy enamorado

236 *vengar(se)*, hacer algo malo a alguien porque esa persona nos ha hecho daño antes

64 • 18 horas, 30 minutos

– Eso debe estar por aquí, ¿no? –dijo Santi mirando por la *ventanilla*[237].

– Ahí delante –les dijo el taxista–. Después del próximo semáforo.

– ¿Qué hacemos? –preguntó Santi.

– Todos estamos mal –dijo la chica–, pero esto es de Eloy, así que lo único... intentar mantener la calma... Bueno, ya me entendéis.

– Va a ser muy complicado.

– ¿Tú estás bien? –Santi le cogió una mano.

– Sí.

No lo estaba, pero al menos se sentía mejor que en casa, pensando en Luciana.

El taxi llegó al final de la calle.

– ¡Ahí está Eloy! –dijo Máximo al verlo.

65 • 18 horas, 32 minutos

Cuando el taxi se detuvo, Eloy abrió la puerta y bajaron los tres amigos.

– ¡Jo, tío! –exclamó Máximo–. ¿Cómo lo has hecho?

– Por Raúl.

– ¿Has encontrado a Raúl? –abrió los ojos Cinta.

---

237 *ventanilla*, ventana pequeña en los lados de los coches y otros transportes

– Primero he estado en casa de Paco y Ana, y después lo he encontrado a él. Le iba a traer conmigo, pero estaba muy colocado.

– ¿Dónde está? –preguntó Máximo.

– En una discoteca llamada Popes, aquí cerca.

– No la conozco –dijo Santi.

– Es *de barrio*[238], *quinceañeros*[239] y gente así –le informó Eloy.

– ¿Seguro?

– Según Raúl, a esta hora y en sábado suele estar siempre ahí.

– ¿De verdad crees que saber lo que hay en una pastilla ayudará a Luciana? –preguntó Cinta.

– El médico lo dijo, ¿no? ¿Tenéis alguna idea mejor para ayudarla?

Ninguno tenía una respuesta. Solo podían dar el primer paso.

– ¿Qué hacemos?

Se miraron los cuatro. Las discusiones de la mañana ya no importaban. Eran cuatro amigos unidos por las circunstancias.

– Vamos ya, ¿no?

Y los cuatro echaron a andar.

---

238 *de barrio*, referido a una discoteca, tienda, cine, etc. significa que es un lugar pequeño y que normalmente va la gente del barrio o zona en la que está

239 *quinceañero/a*, persona que tiene alrededor de quince años

66 • 18 horas, 40 minutos

– Inspector.

Vicente Espinós miró a Lorenzo Roca. El policía llevaba unas anotaciones.

– ¿Lo tienes?

Roca le explicó los datos sobre los horarios y el público de cada uno de los cinco locales.

– Por último, el Popes es una discoteca de tarde y noche. A esta hora hay *niños bien*[240] –terminó el policía.

– Entonces, de los cinco, solo uno está abierto ahora mismo –dijo Espinós.

– El Popes, sí –le respondió Roca.

– ¿A qué hora cierra ese local?

– A las diez. Entonces los críos vuelven a casa, y abren de nuevo sobre las once.

– El Mosca puede ir a uno de ellos esta noche, así que habrá que vigilarlos todos, pero ahora... –miró a Roca, seguro–, podemos probar también.

– ¿Nos vamos, jefe?

Lorenzo Roca fue a por su chaqueta. Los dos se encontraron en la puerta del departamento.

67 • 18 horas, 41 minutos

La diferencia entre el Popes y la nave en la que había encontrado a Raúl era clara. El Popes estaba lleno de críos.

---

240 *niño/a bien*, joven de posición social y económica elevada

Bailaban sin parar, para divertirse y romper con todo.

– ¡Qué marcha!, ¿no?

Eloy miró a Máximo. Parecía no recordar que ellos eran igual cuatro años atrás, o menos, tres... o quizás dos.

– ¡Vaya *guardería*[241]! –exclamó Santi.

– ¿Por dónde empezamos?

Eloy dirigía la búsqueda. Todos estaban de acuerdo.

– Vamos arriba, a ver si lo vemos –Eloy siguió el mismo plan que en la nave–. Si está vendiendo, no estará en la pista, y fuera no lo hemos visto.

– De acuerdo –dijo Cinta.

Eloy abrió el camino hacia arriba.

68 • 19 horas

Mariano Zapata puso el punto final y se apartó del ordenador. Estaba feliz, orgulloso de su artículo. Empezó a leerlo desde el principio para sí mismo. El titular, directo: «BAILANDO CON LA MUERTE».

Continuó leyendo, hasta que llegó al final:

»L.S.M. tiene 18 años, era campeona de ajedrez, una chica normal, *modélica*[242], buena estudiante, con unos padres felices y una hermana pequeña. Tenía novio. Todo eso se ha ido en unos segundos, solo por una pastilla. El coma puede ser *eterno*[243], llevarla a un rápido y terrible

---

241 *guardería*, lugar donde cuidan a los niños muy pequeños que todavía no tienen la edad para ir a la escuela

242 *modélico/a*, persona que sirve de ejemplo a seguir porque tiene muy buenas cualidades

243 *eterno/a*, que no tiene fin, que es para siempre

final, o terminar inesperadamente. Pero eso no esconderá la dura realidad. Como decían *los Beatles*, los *campos de fresas*[244] pueden llegar a ser eternos.

»L.S.M. bailó el viernes por la noche con la muerte, y sigue bailando.»

Perfecto. Directo a las conciencias.

¿Oportunista[245]*?* ¿Manipulador? ¿Sensacionalista? No le importaba. Era una noticia, y lo importante era el modo de contarla.

Pensó en el inspector Espinós.

Iba a tener mucho trabajo, pero ese era su problema.

– *¡En marcha*[246]*!* –dijo levantándose.

69 • 19 horas, 1 minuto

Vicente Espinós y Lorenzo Roca llevaban un rato en medio del ruidoso *tráfico*[247].

– Lo de esa chica es un palo, ¿verdad? –dijo Roca.

– ¿Lo dices por sus padres?

– Y por nosotros. La prensa se va a aprovechar del asunto. Es diferente si se muere un drogata, a si es una chica normal que había salido a divertirse.

---

244 *los Beatles, campos de fresas*, ver explicación en página 5

245 *oportunista*, que aprovecha las circunstancias u oportunidades para su propio interés

246 *¡en marcha!*, expresión para empezar a realizar una actividad o a moverse

247 *tráfico*, movimiento de coches, motos, camiones, etc. en una carretera, camino, etc.

– Cada fin de semana mueren una *docena*[248] de jóvenes por accidentes de tráfico –explicó Vicente Espinós.

– Sí, pero son una docena. Esta chica está sola y en coma, porque si te mueres, a los pocos días ya no es noticia, pero si sigue así mucho tiempo... ¿Pongo la *sirena*[249], jefe? Esto no se mueve.

– No, me pone nervioso –dijo Espinós.

– Parece que este va a ser un caso complicado –continuó Roca.

– Déjalo ya, ¿vale? Y pon la sirena para salir de este *atasco*[250], pero luego la apagas.

En un minuto Lorenzo Roca ya conducía a toda prisa.

70 • 19 horas, 9 minutos

El camello no aparecía por ninguna parte, así que empezaban a estar desanimados. Estaban cansados de mirar a todas partes en medio del movimiento continuo de la discoteca, las luces, la música y los gritos de los que intentaban hablar entre sí.

Como ellos ahora.

– ¡Yo creo que no está! ¡Lo veríamos! ¡Un tío de más de veinte años aquí se nota mucho!

– ¡Quizás está fuera, y no le hemos visto, o quizás ha llegado mientras tanto!

---

248 *docena*, una docena son doce personas, cosas, etc.

249 *sirena*, aparato que produce un sonido que se oye a mucha distancia, y que se usa para avisar de algo

250 *atasco*, un atasco se produce cuando hay demasiados vehículos en la carretera y no se puede ir hacia delante

– ¿Salimos? –propuso Cinta.

– ¡Sí! –exclamó Eloy.

Una vez fuera se movieron por el *aparcamiento*[251] y las zonas próximas de la discoteca. Enseguida volvieron a la puerta del local, más y más confusos.

– Volvamos dentro –ordenó Eloy–. Y esta vez nos separaremos. Yo iré al *lavabo*[252], tú te pones entre el *disc jockey*[253] y la barra del bar, y Cinta y Santi se quedarán en la puerta, viendo a todo el que entra y sale.

– Bien –dijo ella.

Volvieron a meterse en el Popes.

71 • 19 horas, 9 minutos

Loreto sentía una gran conmoción en su interior.

Ver a Luciana en aquel estado, significaba que ella no se podría salvar, porque si Luciana, tan fuerte, tan diferente, moría, ¿qué esperanzas tenía ella? Y sin embargo...

Había sentido la voz de su amiga.

Muy dentro de sí misma.

Un extraño efecto.

Y una consecuencia sorprendente, por su enorme fuerza.

Quería vivir, vivir, vivir...

Como Luciana.

---

251 *aparcamiento*, lugar preparado para dejar vehículos durante un tiempo

252 *lavabo*, cuarto de baño o servicios públicos

253 *disc jockey*, palabra tomada del inglés, persona que elige y pone la música en una discoteca

– ¿Voy por la avenida o hacia la plaza? –le preguntó el taxista.

– No importa–dijo.

Loreto pensó en su pequeña victoria de hacía un rato, cuando consiguió no vomitar. Ese había sido el primer paso. Y lo hizo por Luciana.

Pero eso ya no importaba.

Lo importante es que lo había hecho.

Se sentía tan diferente...

72 • 19 horas, 10 minutos

Esther Salas se levantó de pronto y se acercó a la cama de Luciana.

– ¿Qué ocurre? –preguntó Luis Salas.

– Creía que... se había movido –respondió la mujer.

Su marido sabía que no era cierto.

Esther Salas acarició la frente de su hija.

– Mañana tendremos que llamar a la familia –dijo la mujer en voz muy baja.

Durante el día habían preferido esperar, confiar, pero ahora tenían que aceptar la realidad. Ellos también tendrían que descansar. Aunque no querían dormir, sino estar despiertos, todo el tiempo, al lado de Luciana.

Norma se levantó, se había movido todo el día de aquí para allá, haciendo cualquier cosa para no pensar.

– Norma, ¿adónde vas? –la detuvo su madre.

– Al baño –dijo solamente.

73 • 19 horas, 11 minutos

Norma cerró la puerta del baño. Sentía sus piernas débiles y se sentó en el inodoro. Entonces empezó a llorar en silencio, con los ojos cerrados.

– ¿Por qué? –exclamó–. ¿Por qué?

Fue lo único que pudo decir, una y otra vez, mientras pensaba en su hermana.

74 • 19 horas, 13 minutos

Eloy entró en la zona de lavabos del Popes. Se metió en el lavabo masculino, pero no encontró nada.

Salió fuera y entonces, por la puerta del lavabo femenino, aparecieron dos chicas.

– ¡Dos mil quinientas! ¡Qué caras!, ¿no?

– Tía, serán buenas.

– Ya, pero...

Las chicas se alejaron por el pasillo.

Entonces Eloy empujó la puerta del lavabo femenino un poco. Dentro no había nadie.

Sin embargo, de pronto, en uno de los inodoros escuchó sus voces, bajas.

– Vamos, decídete.

– ¡Es todo lo que tengo, y tengo que volver a casa!

– Pues yo me voy ya. Me buscas mañana.

– ¡Jo!

Eloy cerró la puerta del lavabo sin entrar. Se apoyó en la pared fingiendo descansar y esperó. No sabía si aquel era el camello que buscaba.

Estaba nervioso. Si se iba a buscar a los otros, el camello podría escaparse. Si se quedaba, quizás tardaría en irse o en cambiarse de lugar.

La clienta del camello salió del lavabo. Poco después, apareció un hombre, treinta años, nariz aguileña.

Sus ojos se encontraron con los de Eloy.

Apenas un segundo.

El hombre echó a andar por el pasillo hacia a la discoteca.

75 • 19 horas, 15 minutos

La sirena estaba en silencio ya hacía unos minutos. El coche se estaba acercando al Popes. Lorenzo Roca buscaba un lugar donde aparcar.

– Esto está lleno –protestó.

– Pues me gustaría aparcar cerca de la entrada, para poder vigilar la puerta sin tener que bajar del coche –contestó Vicente Espinós.

– Claro, no vamos a poder entrar en la discoteca –dijo Roca–. Se notaría mucho que somos policías. Entonces, ¿qué hago?

– Roca, ¿tengo que pensar yo en todo?

– Para eso es el jefe, ¿no? –contestó Roca.

A veces le hacía sonreír, hasta cuando no tenía ganas, como en ese momento.

76 • 19 horas, 15 minutos

Poli García salió de los lavabos y se fue al bar de la discoteca para tomarse algo antes de marcharse.

Giró[254] la cabeza.

El chico que estaba en la puerta de los lavabos había salido tras él.

Parecía observarle.

Debían ser imaginaciones suyas.

Siguió su camino hacia el bar.

Delante de él, a unos cinco metros, vio una cara *vagamente*[255] *familiar*[256].

Su dueño movía los brazos, parecía estar diciéndole algo a alguien situado *a sus espaldas*[257], mientras lo señalaba a él.

Poli giró la cabeza por segunda vez.

El chico de los lavabos estaba ahí, más cerca, parecía que estaba intentando *avanzar*[258] en su dirección. Y parecía enfadado.

El camello volvió a mirar al chico de los gestos.

De pronto recordó algo.

La noche pasada, un amigo de un chico que se llamaba Raúl, buen cliente, siete pastillas, un par de chicas...

---

254 *girar*, girar la cabeza significa que la mueves de manera que miras hacia un lado u otro

255 *vagamente*, de manera confusa, imprecisa

256 *familiar*, que es conocido porque lo has visto, hecho o conocido antes

257 *a sus espaldas*, detrás de él

258 *avanzar*, ir hacia delante

Podía ser una casualidad, pero estaba muy nervioso y no se detuvo a preguntar.

Poli fue hacia la salida de la discoteca a toda prisa. Entonces vio que los dos chicos echaban a correr detrás de él.

77 • 19 horas, 16 minutos

Eloy no esperaba aquella reacción de Máximo.

– ¡Ya lo sé! ¿Pero no ves que le estoy siguiendo? –exclamó Eloy para sí mismo–. ¡Vas a hacer que...!

Claro que, con sus gestos, Máximo *había identificado*[259] finalmente al hombre.

Era el camello que le había vendido a Luciana la pastilla.

Si se escapaba, perderían su última oportunidad.

– ¡Cinta, Santi! –gritó aun sabiendo que era inútil–. ¡Va hacia vosotros! ¡Detenedle!

Eloy se abrió paso empujando a todos los que se encontró por delante.

El camello estaba ya muy lejos.

78 • 19 horas, 17 minutos

Está anocheciendo y es el momento, sí.

Todas las partidas tienen que terminar, antes o después.

---

259 *identificar*, reconocer o demostrar que una persona o cosa es la misma que se busca

Ella, la muerte, ataca con su reina *negra segura. Yo solo tengo mi* caballo[260] *blanco, para resistir. Si hacemos* tablas[261], *me quedaré en este lugar para siempre. Pero no quiero las tablas. Nunca ha sido mi estilo. Prefiero…*

Jaque mate[262].

Ganar o perder.

Oscuridad y luz.

Y en los dos casos, el camino es difícil.

Debo decidirme.

79 • 19 horas, 17 minutos

Cinta y Santi se apoyaban en la pared, cerca de la puerta. Hacía rato que ya no miraban hacia el interior de la discoteca. Ahora observaban a quienes entraban o salían. No veían a Máximo ni a Eloy por ninguna parte.

– Ese tío no viene –dijo él.

– O ya se ha ido –respondió ella.

Cinta giró la cabeza hacia el otro lado.

De pronto lo vio todo, ya los tenía encima.

Un hombre iba corriendo hacia la puerta, vagamente familiar, aunque la noche pasada apenas lo había visto. Y detrás, a unos metros, Eloy primero, y Máximo después.

---

260 *reina* y *caballo*, ver ilustración en página 49

261 *tablas*, en el ajedrez, estado en el que ninguno de los jugadores puede ganar la partida; tablas = empate

262 *jaque mate*, en el ajedrez, jugada en la que un jugador pone en peligro al rey o a la reina del jugador contrario

Cinta reaccionó demasiado tarde, debido a la sorpresa.

– ¡Santi!

El camello lo empujó para abrirse paso. Santi cayó al suelo llevándose a Cinta con él.

– ¡Se escapa! ¡Se escapa! –gritó la chica.

El camello salía por la puerta cuando ellos todavía estaban en el suelo y los otros dos demasiado lejos como para detenerlo.

80 • 19 horas, 18 minutos

Poli García no sabía muy bien por qué corría a toda prisa.

Ellos eran solo dos críos, pero era mejor no preguntar. Aquella chica en coma lo había cambiado todo. Eso y la policía buscándole.

¿Por qué le tendría que *perseguir*[263] un chico al que la noche pasada había vendido siete pastillas? Si la chica que estaba en coma era una de aquellas dos niñas...

Su mente era un caos de ideas. Seguía corriendo, cuando de pronto, *chocó*[264] contra alguien, cerca de la puerta. Lo tiró al suelo. Era el último *obstáculo*[265] para ganar la libertad, la calle. Allí desaparecería rápidamente.

---

263 *perseguir*, seguir a alguien que intenta escapar para alcanzarlo

264 *chocar*, encontrarse de forma violenta dos cosas, personas, etc., por ej. chocar un coche contra otro

265 *obstáculo*, cosa que no te deja pasar

Salió al exterior y echó a correr *en línea recta*[266] hacia el aparcamiento.

81 • 19 horas, 19 minutos

Lorenzo Roca aparcó el coche.

– ¡Bueno! Me preparo para pasar aquí un buen rato... –dijo mirando la discoteca.

De pronto abrió mucho los ojos, sorprendido.

– ¡Jefe! –gritó.

Vicente Espinós ya lo había visto.

Poli García, el Mosca, corriendo hacia el aparcamiento en el que estaban ellos, aunque no en línea recta. Acababa de sacarse algo del bolsillo sin dejar de correr.

Y detrás, tres chicos y una chica, también distanciados entre sí aunque no tanto como lo estaban de él.

Los reconoció enseguida.

– ¡Vamos! –ordenó saliendo del coche.

82 • 19 horas, 20 minutos

Tengo que intentarlo.

Pero ¿por qué es tan difícil?

Es solo volver atrás, el dolor no importa. Bajar y meterme de nuevo en mi cuerpo.

La paz es la muerte. La reina negra me ataca. El rey negro espera. El dolor es la vida. Mi caballo blanco, mis

---

266 *en línea recta*, directo, derecho

alfiles, *mis* torres, *mis* peones[267] *me llevan al jaque mate. Oscuridad y luz. Pero no puedo moverme.*

Si me dejo llevar hacia la oscuridad, todo acabará.
¡Pero no quiero rendirme!
Papá, mamá, Norma, Loreto, Eloy...
Lo estoy intentando.
¿Alguien puede oírme?
¡Lo estoy intentando!

83 • 19 horas, 21 minutos

Loreto abrió la puerta de su casa. Su madre salió de la sala.

– ¿Cómo está Luciana?

– Quiere vivir –dijo suavemente ella.

– Pero... –la mujer pareció no entenderla.

– Mamá.

La abrazó con fuerza. Entonces apareció su padre. Tampoco él pareció entender qué ocurría.

– Loreto, ¿qué te pasa? –preguntó su madre.

– Estoy enferma, mamá, pero quiero *curarme*[268].

Era la primera vez que lo decía en voz alta. Los psiquiatras se lo habían dicho muchas veces: todo terminaba cuando ella misma aceptaba su enfermedad. Ese era el primer paso.

– Yo también quiero vivir –dijo Loreto–. Ayudadme, por favor.

Su padre las abrazó a las dos.

---

267 *rey*, *alfil*, *torre* y *peón*, ver ilustración en página 49

268 *curarse*, tener de nuevo salud después de estar enfermo

Loreto cerró los ojos, y su mente volvió junto a Luciana.

84 • 19 horas, 21 minutos

Eloy era el que más cerca estaba del camello, pero no conseguía reducir la distancia.

El camello llegó a la zona del aparcamiento. Empezó a poner obstáculos entre él y ellos.

– ¡Vamos, Eloy, vamos! –oyó la voz de Máximo a su lado.

85 • 19 horas, 21 minutos

Máximo veía correr al camello delante de él, pero también le oía la pasada noche.

– Toma, chico: con esto, *Disneylandia*[269].

– Prefiero algo con más marcha.

– Eso depende ti. Todo está en tu mente. Disfruta, hombre.

– ¿Por dos mil pelas?

– La llave del *Paraíso*[270] no siempre cuesta demasiado.

Si Eloy conseguía aquella pastilla, ¡le rompería la cara a aquel cabrón!

Si lo cogían.

---

269 *Disneylandia*, nombre en español del parque temático estadounidense Disneyland Park situado en California

270 *Paraíso*, lugar hermoso donde vivieron Adán y Eva, según la Biblia

El camello parecía *volar*[271] entre los coches.

86 • 19 horas, 21 minutos

A Santi le dolía el brazo tras caerse en la discoteca, pero intentaba seguir a los demás. ¡Qué idiota! Le había sorprendido de aquella forma...

Miró hacia atrás. Cinta era la última, pero no podía esperarla.

– ¡Corre! ¡Corre! –le dijo ella.

Corrió.

Estaban solos en el mundo.

87 • 19 horas, 21 minutos

Cinta no era muy buena en eso de correr. Pero confiaba en los tres, sobre todo en la rabia de Eloy.

Se habría rendido ya, pero tenía que seguir por Luciana.

Era la última oportunidad.

Por Luciana y para *liberarse*[272] a sí mismos.

---

271 *volar*, moverse en el aire, como los pájaros

272 *liberarse*, quedar libre de algo que nos hacía sentir mal, culpables, etc.

88 • 19 horas, 22 minutos

Mariano Zapata colgó el teléfono y se quedó pensativo unos segundos.

¿Preferiría saber que aquella pobre chica estaba bien, que había salido del coma?

¿Corazón de oro?

Bien, ya no importaba. Tenía su gran exclusiva, y su portada.

Así eran las cosas.

– ¡Adelante! –ordenó–. ¡Todo sigue igual!

Después terminó su trabajo echándose para atrás en su silla, con los brazos debajo de la nuca, y cerró los ojos mucho más tranquilo.

89 • 19 horas, 22 minutos

Quiero abrir los ojos.

Y no puedo.

Siento una voz, en alguna parte, pero no consigo oírla, ni sé lo que me está diciendo. Son muchas voces, muchos sentimientos a la vez. Me llaman, me llaman.

Podría rendirme ahora mismo, decir adiós, pero lo sigo intentando.

Solo tengo que hacer el último movimiento.

Parece tan fácil…

90 • 19 horas, 23 minutos

Eloy vio cómo el camello, de pronto, cambiaba la dirección rápidamente, saliendo hacia la izquierda.

A su derecha vio a dos hombres, también corriendo hacia el camello.

– ¡*Alto*[273], Mosca! –gritó uno de ellos.

– ¡Quieto! –ordenó el otro.

No sabía quiénes eran, pero también iban tras el camello.

– ¡Es la policía! –oyó gritar a Máximo–. ¡Ya es nuestro!

Corrían a la vez. Máximo se apartó un poco, para evitar un coche. Eloy no. Saltó y se subió a su *capó*[274], y de él pasó a otro coche.

– ¡Mosca, maldita sea! –gritó uno de los policías.

Eloy saltó a un tercer coche.

El camello estaba solo a diez metros.

Aunque iba a salir de entre los vehículos aparcados, para volver a correr en línea recta.

Eloy hizo un último esfuerzo. Ahora iba el primero.

El camello giró la cabeza.

Entonces *tropezó*[275] y cayó al suelo rompiéndose la nuca.

Quedó tumbado junto a una acera.

Llevaba algo en la mano.

---

273 *¡alto!*, expresión para decirle a alguien que tiene que detenerse, parar

274 *capó*, parte delantera de un coche que cubre el motor

275 *tropezar*, tropezar significa que cuando vas andando o corriendo, tus pies dan con un obstáculo, y puedes caerte

Un paquete pequeño que consiguió echar por la *alcantarilla*[276] que tenía al lado, antes de quedarse completamente quieto.

– ¡No! –gritó Eloy comprendiendo qué era.

91 • 19 horas, 24 minutos

Eloy llegó el primero, pero no se ocupó del camello, ni de la sangre que se veía bajo su cabeza. Se lanzó sobre la alcantarilla.

Oyó el ruido del agua corriendo por abajo.

– No... –volvió a decir.

Máximo se acercó al camello.

Santi y los dos hombres llegaban ya. Cinta aún estaba lejos.

– Está... muerto –dijo Máximo.

Eloy se sentó en la acera.

Desde allí miró el cadáver con su *odio*[277] final.

Ahora ya no llevaba ninguna pastilla encima.

---

276 *alcantarilla*, ver ilustración en página 113

277 *odio*, es lo contrario de amor

alcantarilla

92 • 19 horas, 25 minutos

Mis peones atacan. El fin está cerca. Jaque.

Un movimiento más y…

Jaque mate.

Quiero vivir.

93 • 19 horas, 25 minutos

Vicente Espinós y Lorenzo Roca llegaron junto al cuerpo de Poli García. Roca *comprobó*[278] si estaba vivo.

– Muerto –dijo Roca seguro.

El inspector miró a los tres chicos. Cinta se acercaba despacio, con los ojos muy abiertos ante aquella situación.

– Nosotros… –intentó decir Máximo.

– Ya no importa –le detuvo Espinós–. Tranquilos.

Lorenzo Roca *registraba*[279] al camello. De uno de los bolsillos de la chaqueta sacó un montón de dinero. Del otro el ticket de un bar.

– No lleva pastillas, jefe –dijo Roca– está limpio.

– Las tiró a la alcantarilla antes de morir–dijo Eloy muy bajo.

Cinta llegó al lado de Santi. Le cogió del brazo agotada y asustada.

---

278 *comprobar*, analizar con atención una cosa de la que no estamos seguros para saber si es verdad o correcta

279 *registrar*, examinar una cosa o a una persona con atención para encontrar algo que se está buscando

Vicente Espinós cogió el dinero que llevaba encima el Mosca. Lorenzo Roca se quedó con el pequeño ticket blanco en la mano.

– Bar Restaurante La Perla –leyó en voz alta.

– ¿De cuándo es ese ticket? –preguntó el inspector.

– Lleva fecha de hoy.

– Hace tiempo que sabemos que es la *tapadera*[280] de Alex Castro y su gente, pero nunca le hemos encontrado nada –dijo–. Hasta hoy.

– ¿Cree que habrá suerte? –preguntó Roca.

El inspector se quedó pensativo unos segundos. Empezó a sonreír.

– Sí, creo que sí –dijo.

Las «lunas» eran nuevas, tenían que estar en alguna parte.

Quizás...

La gente se acercaba a su *alrededor*[281]. Hasta se escuchó una sirena policial.

– Llama al departamento, Roca –dijo Vicente Espinós–. Vamos a buscar a Castro.

– Sí, jefe.

– Y vosotros iros a casa, ¿de acuerdo? –les ordenó a ellos.

Eloy, Máximo, Cinta y Santi le obedecieron.

– Señor... –intentó hablar Eloy.

– Sé lo que buscabais y por qué, chicos. No os preocupéis. Ahora marchaos.

---

280 *tapadera*, persona o cosa que se usa para ocultar una actividad ilegal que realiza otra persona

281 *alrededor*, que está situado cerca de algo o alguien formando un círculo

94 • 19 horas, 27 minutos

Dieron unos pasos para salir del círculo de los curiosos, que observaban el cuerpo roto del camello.

Sentían su fracaso, aunque no los cuatro.

Los ojos de Cinta brillaban.

– ¿Qué hacemos? –preguntó Máximo.

– Yo voy al hospital –dijo Eloy.

– Vamos todos –dijo Cinta.

Notaron su tono, y, al mirarla, vieron su sonrisa de esperanza. No la entendieron, hasta que ella abrió su mano derecha, mostrándoles algo.

– Probablemente se le cayó al correr–dijo.

En la mano había una pastilla, blanca, con una media luna.

95 • 19 horas, 29 minutos

Al salir de la oscuridad, poco a poco Luciana se encontraba de nuevo con el dolor, pero también con la luz, y abrió los ojos.

Una vez.

Dos veces.

Se encontró con su hermana Norma, que la miraba de cerca, sorprendida.

Luciana sonrió.

– ¡Papá! ¡Mamá! –gritó emocionada Norma.

Cerró los ojos por última vez, solo para ver cómo la reina negra se alejaba rendida llevándose a su rey, y *convencerse*[282] a sí misma de que había vuelto. Y de que había ganado. Después los abrió, quería mantenerlos así.

Vio a sus padres y a su hermana, a su lado.

Estaba viva.

Agradecimientos

En noviembre de 1995 una joven británica de dieciocho años, Leah Betts, murió después de cinco días de permanecer en coma tras tomar una pastilla de éxtasis el día de su cumpleaños. La prensa publicó la *dramática*[283] fotografía de su hija en coma con el permiso de sus padres, ya que serviría de aviso a todos aquellos que cada fin de semana tomaban pastillas. La imagen de Leah dio la vuelta al mundo. Sus padres donaron los órganos de su hija muerta; uno de los cuales fue *trasplantado*[284] a una joven española.

Cada año mueren en el mundo muchos adolescentes por el consumo de las llamadas «drogas de diseño», las cuales parecen *inofensivas*[285]. Muchos más jóvenes sufren comas, *alteraciones*[286] de personalidad, depresiones y numerosas enfermedades *psíquicas*[287]y físicas. Y es solo el

---

282 *convencerse*, llegar a estar seguro de algo gracias a tus propias razones o las de otra persona

283 *dramático/a*, que produce una emoción fuerte

284 *trasplantar*, cambiar el órgano enfermo o inútil de una persona por el órgano sano de otra persona

285 *inofensivo/a*, que no puede causar daño

286 *alteración*, cambio negativo en el estado normal de una cosa

287 *psíquico/a*, de la mente humana

principio. Nadie sabe exactamente qué pasará dentro de unos años, ya que entonces los adictos de hoy llegarán a sus *puntos críticos*[288] y los del mañana seguirán consumiendo las nuevas químicas.

Quiero agradecer la ayuda recibida para escribir este libro a Jaume Comas, Enrique y Laia Esteva, la Generalitat de Catalunya a través de la Conselleria de Sanitat, los *archivos*[289] de *El Periódico* y *La Vanguardia*[290], así como a todos los que, de una forma u otra, han dado sus testimonios sobre este tema, algunos de ellos actuales «*pastilleros*[291]» sin solución, y otros que se están recuperando de sus *adicciones*[292].

Otra muchacha, Helen Cousins, que consiguió despertar después de dos meses en coma, dijo una frase que *resume*[293] toda esta historia: «No bailéis con la muerte».

---

288 *punto crítico*, momento muy difícil, o en el que es necesario hacer algo

289 *archivo*, documentos que produce una persona, empresa, institución, etc. cuando realiza su actividad profesional; también es el lugar donde se guardan estos documentos de forma ordenada

290 *El Periódico* y *La Vanguardia*, son dos periódicos de la región de Cataluña, España

291 *pastillero/a*, persona que consume droga en forma de pastillas (coloquial)

292 *adicción*, estado en el que una persona depende de las drogas y no puede evitar tomarlas

293 *resumir*, si resumes, por ej. una historia, la reduces y expresas sus aspectos principales con palabras breves y precisas

Preguntas y actividades

1. Preguntas sobre el contenido

1. ¿Qué le ha ocurrido a Luciana? ¿Cómo se enteran sus padres de esta situación? ¿Cuál es su reacción? ¿Quiénes están en el hospital con Luciana?

2. ¿Quién es Eloy? ¿Qué está haciendo cuando le llaman sus amigos? ¿Cómo reacciona? ¿Qué sentimientos tiene Eloy hacia Luciana?

3. ¿A qué se dedica Poli García? ¿En qué tipo de locales se mueve? ¿Cómo se entera de lo que le ha pasado a Luciana? ¿Cuál es su alias o apodo?

4. El doctor Pons habla con Cinta, Santi y Máximo sobre las pastillas que han tomado. ¿Qué efectos sintieron los chicos después de tomarlas? ¿Por qué es tan importante conseguir una pastilla igual a la que tomaron?

5. ¿En qué estado físico se encuentra Luciana? ¿Cómo describe ella misma su situación? ¿Qué piensa o siente? ¿Qué le había pasado con Eloy antes del coma?

6. El inspector Vicente Espinós habla con los amigos de Luciana. ¿Qué información le dan sobre la persona que les vendió la droga y sobre las pastillas? ¿Crees que Vicente Espinós y Lorenzo Roca son buenos policías? ¿Por qué?

7. ¿Con qué amigo se pelea Eloy en la puerta de urgencias? ¿Por qué? ¿Quién más estaba con el grupo de amigos la noche anterior? ¿Cómo es la relación de Máximo con sus padres?

8. El doctor Pons y el inspector Espinós hablan sobre el éxtasis. ¿Cuál es el problema de las drogas de diseño? ¿Qué opina el médico sobre el caso de Luciana? ¿Qué consecuencias tendrá el consumo de drogas entre los jóvenes?

9. ¿Qué enfermedad tiene Loreto? ¿En qué consiste? ¿Qué consecuencias físicas tiene? ¿Cómo se comportan sus padres con ella? ¿Cómo es su relación con Luciana? ¿Qué efecto tiene en Loreto ver a su amiga en coma?

10. ¿Qué tipo de periodista y de persona es Mariano Zapata? ¿Por qué quiere escribir un artículo sobre el caso de Luciana? ¿Cómo consigue la fotografía de Luciana? ¿Cómo se siente al acabar su artículo? ¿Qué opina su jefe, Gaspar Valls?

11. ¿Qué sentimientos tiene Norma con respecto a Luciana? ¿Cómo es su relación con Eloy? ¿Qué piensa de él? ¿Qué hace Norma el tiempo que está en el hospital?

12. Los amigos de Luciana, su familia y su novio Eloy hablan de ella. ¿Cómo la describen: su físico, personalidad, gustos, etc.? ¿Qué apodo tiene Luciana? ¿Por qué?

13. ¿Cómo se sienten los padres de Luciana al ver a su hija en coma? ¿Cómo responden cuando Mariano Zapata les pregunta si puede fotografiar a Luciana? ¿Cómo reaccionan cuando el doctor Pons les pregunta si querrían donar los órganos de Luciana?

14. ¿Cómo se conocieron Cinta y Luciana? ¿Cómo es su relación? ¿Qué planes tenían? ¿Por qué Cinta se siente tan culpable del estado de Luciana?

15. ¿Quiénes compran las pastillas de éxtasis en la discoteca Pandora's? ¿Quién se las vende? ¿Quieren tomarlas todos los amigos?

16. ¿Qué información le da Loles al inspector Espinós? ¿De qué murió la hija de Loles?

17. ¿Cómo averigua Poli que Luciana está en el Clínico en coma?

18. ¿A quién busca Eloy para obtener una de las pastillas igual a la que Luciana tomó? ¿Dónde lo encuentra? ¿Qué información le da esta persona?

19. ¿Qué encuentra el inspector Espinós en la habitación de Poli en la pensión Costa Roja? ¿Qué hace el inspector?

20. ¿Quién es Alex Castro? ¿A qué se dedica? ¿Cómo reacciona cuando Poli García va a su bar y le cuenta lo que le ha pasado a Luciana? ¿Qué hace Poli?

21. ¿A qué discoteca va Eloy con sus tres amigos para encontrar a Poli? ¿Qué hace Poli cuando se da cuenta de que puede estar en peligro? ¿Qué hacen Eloy, Cinta, Santi y Máximo? ¿Quién más va tras Poli?

22. ¿Cómo muere Poli? ¿Qué hace con el paquete que llevaba? ¿Qué hacen el inspector Espinós y Lorenzo Roca con el cadáver de Poli? ¿Qué encuentran y para qué sirve?

23. ¿Qué encuentra Cinta al final de la historia?

24. ¿Qué le pasa finalmente a Luciana?

2. Verbos

En la historia has podido leer los siguientes verbos. Completa las frases con el verbo adecuado.

me asusté	*horrorizaba*	*abrazó*	*reacciona*
se había enfrentado	*arriesgarse*	*comprobó*	*madurar*
ha sentado	*sudaba*	*peleándose*	*se fijó*

1. Luciana se tomó una pastilla, y le .... mal.

2. Os venden química adulterada. Luego, cada cuerpo humano .... de una forma diferente.

3. Luciana era más difícil, y además, le gustaba Eloy. Entonces .... en Cinta, y ella en él.

4. Cinta nunca .... a una situación así. Era como .... de pronto.

5. No esperó más. El secreto del éxito periodístico era .... siempre.

6. Su madre la miró. Le .... ver a su hija tan delgada y enferma.

7. Vicente Espinós y Lorenzo Roca llegaron junto al cuerpo de Poli García. Roca .... si estaba vivo.

8. Yo .... cuando vi que ya no .... Entonces comprendí que le venía un golpe de calor.

9. Santi .... a Cinta y la besó en la frente.

10. Era peor que una guerra. Eran dos personas .... en su interior.

3. Formación de palabras

A) Todos estos verbos aparecen en la historia, así como los nombres correspondientes. Mira el ejemplo y escribe en la tabla el nombre para cada verbo.

avisar *aviso*	manipular ....
fabricar	buscar ....
conmocionar	solucionar ....
prometer	consumir ....
analizar	investigar ....

B) Ahora escribe seis frases sobre la historia utilizando diferentes palabras de la tabla.

(Respuestas:
Actividad 2: 1 ha sentado, 2 reacciona, 3 se fijó, 4 se había enfrentado, madurar, 5 arriesgarse, 6 horrorizaba, 7 comprobó, 8 me asusté, sudaba, 9 abrazó, 10 peleándose.
Actividad 3A: aviso, fábrica, conmoción, promesa, análisis, manipulador, búsqueda, solución, consumo, investigación.)